学习贯彻习近平新时代中国特色社会主义经济思想

做好“十四五”规划编制和发展改革工作

| 系列丛书 |

实施区域发展战略

丛书编写组 编著

中国计划出版社 中国市场出版社 China Market Press

·北京·

图书在版编目（CIP）数据

实施区域发展战略 / 学习贯彻习近平新时代中国特色社会主义经济思想 做好“十四五”规划编制和发展改革工作系列丛书编写组编著. -- 北京 ：中国计划出版社 ：中国市场出版社有限公司，2020.8（2020.11重印）

（学习贯彻习近平新时代中国特色社会主义经济思想 做好“十四五”规划编制和发展改革工作系列丛书）

ISBN 978-7-5182-1224-8

Ⅰ. ①实… Ⅱ. ①学… Ⅲ. ①习近平新时代中国特色社会主义思想—学习参考资料②区域发展战略—中国—学习参考资料 Ⅳ. ①D610②F120.4

中国版本图书馆CIP数据核字(2020)第170746号

实施区域发展战略

SHISHI QUYU FAZHAN ZHANLÜE

编　　著：丛书编写组
责任编辑：孙晓岩　黄富洁
装帧设计：蒋宏工作室

出版发行：中国计划出版社　中国市场出版社
社　　址：北京市西城区木樨地北里甲11号国宏大厦C座3层（100038）
电　　话：（010）63906433（发行部）
网　　址：www. jhpress. com

印　　刷：北京中科印刷有限公司
规　　格：170mm × 240mm　　1/16开本
印　　张：20.75　　字　　数：219千字
版　　次：2020年8月第1版　　印　　次：2020年11月第3次印刷
书　　号：ISBN 978-7-5182-1224-8
定　　价：42.00元

前 言

习近平总书记登高望远、统筹全局，准确把握国内外大势，特别是我国发展阶段变化和改革开放新形势新任务，不断丰富完善区域发展的理念、战略和政策体系，亲自谋划、亲自部署、亲自推动了京津冀协同发展、长江经济带发展、粤港澳大湾区建设、推进海南全面深化改革开放、长江三角洲区域一体化发展、黄河流域生态保护和高质量发展等重大区域发展战略，进一步完善支持四大板块发展的政策，确立了基本公共服务均等化、基础设施通达程度比较均衡、人民基本生活保障水平大体相当的区域协调发展目标。

习近平总书记关于区域发展战略的重要论述是习近平新时代中国特色社会主义经济思想的重要组成部分，内涵丰富、思想深刻，形成了系统完整、逻辑严密的科学理论体系，开辟了马克思主义有关区域经济理论中国化新境界，为丰富发展中国特色区域经济发展理论作出了新贡献，为解决区域经济发展问题提供了新思路。

深入学习、刻苦钻研、科学阐述、贯彻落实习近平总书记关于区域发展战略的重要论述，是新时代赋予区域经济工作者的崇高使命与责任担当。本书编写组以强烈的政治意识、大局意识、核心意识、看齐意识，在集中学习、深入研究的基础上，数易其稿，完成了本书编写工作。本书主要包括重大意义、认识体会、实践与成效、形势分析和总体考虑五个部分，力图系统分析阐述习近平总书记关于区域发展战略重要论述的时代背景、理论渊源、实践基础、丰富内涵，努力从整体上把握内在理论逻辑和精神实质。

习近平总书记关于区域发展战略的重要论述博大精深、内涵丰富，我们虽然付出最大努力，但是水平有限，学习体悟还不够深入，研究阐述不可避免有疏漏之处，敬请广大读者提出宝贵意见。

本书编写组

2020 年 8 月

目 录

第一章
习近平总书记关于区域发展战略重要论述的重大理论和实践意义

第一节 开辟了马克思主义有关区域经济理论中国化的新境界 …… 3
第二节 书写了中国特色区域经济发展理论的新篇章 …… 10
第三节 提供了解决我国区域经济发展问题的新方略 …… 15
第四节 贡献了解决全球区域经济发展问题的中国智慧 …… 19

第二章
学习贯彻习近平总书记关于区域发展战略重要论述的深刻体会

第一节 客观认识地区间发展差距，在发展中解决不平衡问题 …… 27
第二节 发挥不同地区比较优势，形成因地制宜、优势互补的区域分工合作思路 …… 34
第三节 重点突破与整体推进相结合，从区域维度构建我国经济高质量发展的动力系统 …… 42
第四节 全面促进区域协同、协调发展，推动区域发展向更高水平和更高质量迈进 …… 51
第五节 坚持以人民为中心，明确新时代区域协调发展的三大目标 …… 58
第六节 着眼中华民族永续发展，坚持生态优先、绿色发展的区域发展道路 …… 67
第七节 处理好局部和全局、当前和长远、重点和非重点的关系，

提高区域政策有效性 74
第八节 创新完善实施区域发展战略方式方法，确保战略扎实高效落实 81

第三章

党的十八大以来区域发展战略的实践与成效

第一节 京津冀协同发展 89
第二节 长江经济带发展 109
第三节 粤港澳大湾区建设 117
第四节 推进海南全面深化改革开放 131
第五节 长江三角洲区域一体化发展 151
第六节 黄河流域生态保护和高质量发展 169
第七节 四大板块发展 184

第四章

“十四五”时期区域发展面临的形势分析

第一节 世界百年未有之大变局深刻影响我国区域发展 227
第二节 “十四五”时期我国区域发展面临的新矛盾 235
第三节 “十四五”时期我国区域发展的新趋势 243

第五章

“十四五”时期实施区域发展战略的总体考虑

第一节 “十四五”时期实施区域发展战略的总体思路 253

第二节 推动形成优势互补高质量发展的区域经济布局 259
第三节 进一步健全区域政策体系 276
第四节 建立更加有效的区域协调发展新机制 293

参考文献 315
后 记 319

第一章

习近平总书记关于区域发展战略重要论述的重大理论和实践意义

党的十八大以来，以习近平同志为核心的党中央准确把握国内外大势，特别是我国发展阶段变化和改革开放新形势新任务，系统谋划和推动实施了一批重大区域发展战略，作出了关于区域发展战略的重要论述，继承和发展了马克思主义有关区域经济理论，开辟了马克思主义有关区域经济理论中国化的新境界，丰富发展了中国特色区域经济发展理论，是习近平新时代中国特色社会主义经济思想的重要组成部分，为解决中国区域发展问题提供了新方略，为全球解决区域发展问题贡献了中国智慧。

第一节

开辟了马克思主义有关区域经济理论中国化的新境界

习近平总书记关于区域发展战略的重要论述始终用辩证唯物主义和历史唯物主义的世界观和方法论来分析问题、解决问题，创造性运用和创新性发展马克思主义理论，开辟了马克思主义有关区域经济理论中国化的新境界。

一、蕴含丰富的马克思主义哲学思想

从马克思主义唯物辩证法看，促进区域经济发展既要坚持区域发展协调、平衡的原则，又考虑和承认地区间发展条件的差别。恩格斯曾提出，在国和国、省和省甚至地方和地方之间总会有生活条

件方面的某种不平等存在，这种不平等可以减少到最低限度，但是永远不可能完全消除。[1] 习近平总书记关于区域发展战略的重要论述，深刻体现了辩证唯物主义思想。习近平总书记指出，要根据各地区的条件，走合理分工、优化发展的路子，落实主体功能区战略，完善空间治理，形成优势互补、高质量发展的区域经济布局。[2]

习近平总书记特别强调要从历史的高度来认识理解区域发展重大战略，从对历史和民族负责的角度来实施重大战略，不计较一朝一夕，保持战略定力，这已经成为区域发展重大战略实施的重要方法论。习近平总书记强调，保持历史耐心和战略定力，稳扎稳打，勇于担当，敢于创新，善作善成，下更大气力推动京津冀协同发展取得新的更大进展。[3] 习近平总书记指出，正确把握总体谋划和久久为功的关系，坚定不移将一张蓝图干到底；推动长江经济带发展是一个系统工程，不可能毕其功于一役；要对实现既定目标制定明确的时间表、路线图，稳扎稳打，分步推进。[4] 习近平总书记强调，推动黄河流域生态保护和高质量发展，非一日之功。要保持历史耐

[1]《马克思恩格斯选集（第三卷）》，人民出版社 1995 年版，第 325 页。

[2]《习近平主持召开中央财经委员会第五次会议强调 推动形成优势互补高质量发展的区域经济布局 发挥优势提升产业基础能力和产业链水平》,《人民日报》2019 年 8 月 27 日。

[3]《习近平在京津冀三省市考察并主持召开京津冀协同发展座谈会时强调 稳扎稳打勇于担当敢于创新善作善成 推动京津冀协同发展取得新的更大进展》，《人民日报》2019 年 1 月 19 日。

[4]《在深入推动长江经济带发展座谈会上的讲话》（2018 年 4 月 26 日），《求是》2019 年第 17 期。

心和战略定力，以功成不必在我的精神境界和功成必定有我的历史担当，既要谋划长远，又要干在当下，一张蓝图绘到底，一茬接着一茬干，让黄河造福人民。[1]

二、与马克思主义有关区域经济理论一脉相承

马克思主义经典理论著作对区域经济发展作了深入论述。马克思和恩格斯吸收了西方古典经济学的分工理论，提出了劳动地域分工理论，根据地区自然、社会、经济、技术等条件，确定区域经济专业化方向，通过地区间大规模的产品交换，实现区域间的比较经济利益，提高整个区域的劳动生产率。从劳动地域分工理论出发，阐述了生产力均衡布局和协调配置、工农结合、城乡结合等的重要性，形成了有关区域经济理论。

马克思指出，生产和交往间的分工随即引起了各城市间在生产上的新的分工，不久每一个城市都设立一个占优势的工业部门。[2] 恩格斯指出，社会主义应使“大工业在全国的尽可能均衡的分布”[3]，首次提出了生产力均衡布局思想。列宁在社会主义建设实践中，进一步丰富和发展了关于社会主义社会生产力布局的理论学

[1]《习近平在河南主持召开黄河流域生态保护和高质量发展座谈会时强调 共同抓好大保护协同推进大治理 让黄河成为造福人民的幸福河》，《人民日报》2019 年 9 月 20 日。
[2]《马克思恩格斯选集（第一卷）》，人民出版社 1995 年版，第 107 页。
[3]《马克思恩格斯选集（第三卷）》，人民出版社 1995 年版，第 647 页。

说，提出了生产力合理布局的原则，指出“使俄国工业布局合理，着眼点是接近原料产地，尽量减少从原料加工转到半成品加工一直到制出成品等阶段时的劳动消耗”[1]。列宁提出，“经济和政治发展的不平衡是资本主义的绝对规律”[2]，认为社会主义要有计划地引导生产力平衡分布，促进区域的平衡发展，进而实现区域经济发展“普遍高涨”。斯大林对列宁生产力平衡布局理论进行了拓展，认为需要“发挥各个地方在经济建设方面的潜力”，才能实现“像列宁所说的普遍高涨”[3]。

党的十八大以来，以习近平同志为核心的党中央在充分吸收和借鉴马克思主义有关区域经济理论的基础上，结合我国具体国情和区域发展实践，作出了关于区域发展战略的重要论述。这一重要论述蕴含着辩证唯物主义和历史唯物主义的科学世界观和方法论，具有马克思主义理论品质，与马克思主义有关区域经济经典理论一脉相承。一是科学运用马克思主义有关区域经济理论的立场、基本原理来看待和解决新时代中国区域经济发展面临的不平衡不充分等新问题。二是继承和发展马克思有关区域经济思想强调的人民历史主体地位，始终坚持以人民为中心的发展思想，把人民利益放在最高位置，体现了人民是推动发展根本力量的唯物史观，体现了马克思主义实现人的全面自由发展思想。

---

[1]《列宁全集（第 34 卷）》，人民出版社 1985 年版，第 212 页。
[2]《列宁选集（第 2 卷）》，人民出版社 1995 年版，第 554 页。
[3]《斯大林全集（第 7 卷）》，人民出版社 1958 年版，第 261 页。

三、紧密结合中国国情和发展阶段实际

新中国成立以来，在社会主义革命、建设和现代化建设的各个历史时期，党中央都高度重视区域协调发展问题。我国的区域发展战略也经历了一个与时俱进、不断完善、不断丰富的过程。

新中国成立初期，为了改变旧中国遗留下来的工业基础薄弱、沿海与内地布局畸重畸轻的格局，党中央提出利用沿海的基础和适当利用外援，促使工业布局向内地推进，改变历史遗留下的生产力布局极不均衡状态，推动区域均衡发展。1956 年，毛泽东同志在《论十大关系》中指出，沿海的工业基地必须充分利用，为了平衡工业发展的布局，内地工业必须大力发展，形成了区域经济均衡发展思想。改革开放初期，邓小平同志总结了新中国成立后区域经济布局的历史教训，提出“两个大局”战略思想，采取了设立经济特区和沿海开放城市、兴办开发区等政策举措，实现沿海地区率先发展，形成了区域非均衡发展理论。20 世纪 90 年代中后期，为解决东部地区与中西部地区发展的差距逐步扩大的问题，党中央明确提出解决地区发展差距，坚持区域经济协调发展。[1]

党的十八大以来，以习近平同志为核心的党中央作出我国经济发展进入新常态的重大判断，并提出要主动适应把握引领新常态，

[1]《江泽民论有中国特色社会主义（专题摘编）》，中央文献出版社 2002 年版，第 171 页。

着力推进供给侧结构性改革。党的十九大报告作出了“中国特色社会主义进入新时代”的重大判断，我国社会主要矛盾已经转化为人民日益增长的美好生活需要和不平衡不充分的发展之间的矛盾，我国经济由高速增长阶段转向高质量发展阶段。发展阶段的重大变化、区域空间结构的深刻调整，都对区域协调发展提出了新的要求，亟须新视角新理论指导解决区域经济发展不平衡不充分问题。习近平总书记着眼于“两个一百年”奋斗目标，在错综复杂的国内外政治经济形势新变化下，深刻总结国内外发展经验教训，深刻分析国内外发展大势，敏锐把握战略机遇期，提出了新形势下促进区域协调发展的新思路，既体现了我国区域发展战略的连续性和长远性，又是在原有战略基础上的与时俱进，符合中国国情特色和发展阶段的需要，具有非常重要的时代意义。

一是适应中国的国情特色。习近平总书记关于区域发展战略的重要论述，牢牢把握“我国仍处于并将长期处于社会主义初级阶段的基本国情没有变，我国是世界最大发展中国家的国际地位没有变”这个当代中国最大的实际。着眼于城乡之间、东西部之间，发展落差仍然存在，甚至还有扩大趋势等问题，实事求是提出在发展中解决区域经济不平衡问题，在发展中缩小区域经济差距。二是符合我国的发展阶段。习近平总书记关于区域发展战略的重要论述完全符合中国特色社会主义进入新时代的发展需要。一方面，我国社会的主要矛盾已经转化为人民日益增长的美好生活需要和不平衡不充分的发展之间的矛盾，决定了我国区域发展的内涵发生变化，从解决“从无到有”的问题发展到解决“从有到好”的问题，更加注重用新发展理念解决城乡区域不平衡问题。另一方面，党的十九大开启全面建设社会主义现代化国家新征程，区域发展要支撑和服务国家的现代化建设，适应产业升级、科技创新、对外开放等空间需求，以增强在全球各经济体中的竞争力。

第二节

书写了中国特色区域经济发展理论的新篇章

习近平总书记关于区域发展战略的重要论述，提出了一系列区域经济发展新思想新观点新论断，明确了区域协调发展新目标，赋予区域协调发展新的时代内涵，从理论和实践上回答了在新时代条件下什么是区域协调发展、如何实现区域协调发展、如何促进区域高质量发展等重大现实问题，丰富发展了区域协调发展理论，这是中国特色区域经济发展理论的又一次飞跃，具有重大的理论意义、现实意义和深远的历史意义。

一、明确了区域协调发展新目标

2015年10月，习近平总书记在党的十八届五中全会第二次全体会议上指出，缩小城乡区域发展差距，不能仅仅看作是缩小国内生产总值总量和增长速度的差距，而应该是缩小居民收入水平、基础设施通达水平、基本公共服务均等化水平、人民生活水平等方面的差距。习近平总书记进一步明确提出了围绕努力实现基本公共服务均等化、基础设施通达程度比较均衡、人民基本生活保障水平大体相当的区域协调发展新目标。这一新目标，将缩小区域发展差距从原来的经济发展差距的单一维度，拓展到经济发展、公共服务、基础设施、人民生活等多个维度，丰富了区域协调发展目标的内涵。同时，也为完善中国特色社会主义区域经济理论体系拓展了新的空间。

一是基本公共服务均等化。基本公共服务是最基本的民生需求，实现基本公共服务均等化，让全体人民都能公平地获得大致均等的基本公共服务，是以人民为中心的发展思想的重要体现。二是基础设施通达程度比较均衡。基础设施决定一方水土、一方人的发展机会，基础设施水平高低影响着一个地区的物流成本、贸易成本，很大程度上影响着生产要素和就业机会的空间分布，进而影响各地福利水平与社会总效率。基础设施通达程度比较均衡将能够促进各地区发展的本底条件差距不大。三是人民基本生活保障水平大体相当。判断区域发展是否协调，不能只看经济增长，也要看人民基本生活保障水平是否大体相当。

二、提出了区域高质量发展新要求

党的十九大报告提出，我国经济已由高速增长阶段转向高质量发展阶段，正处在转变发展方式、优化经济结构、转换增长动力的攻关期。面对发展阶段的重要变化，习近平总书记审时度势、运筹帷幄，对区域高质量发展提出了新要求。经济迈入高质量发展阶段后，区域经济政策的核心在于如何提高区域整体竞争力和效率，从而推动区域高质量发展，为中华民族伟大复兴提供高质量的空间支撑和保障。

一是提升区域竞争力。推动区域经济发展质量变革、效率变革、动力变革，推动形成参与全球竞争的平台，增强对全球要素的配置能力。二是提升区域创新能力。通过体制机制改革，实现创新生态、优化营商环境，解决关键技术、核心零部件的卡脖子问题，把大国重器掌握在自己手里。三是大力发展实体经济。通过基础设施、财税、劳动力等一系列政策举措，创造我国实体经济和制造业优势，打造一批国际国内领先的先进制造业集群。四是提升区域生态环境品质。全面改善人与自然关系，提升生态环境品质，充分挖掘生态价值，实现高质量绿色发展。五是解决区域发展不平衡不充分问题。确保革命老区、民族地区、边疆地区等特殊类型地区人民生活水平稳步提高，共享国家发展成果。六是实现高效的空间治理。通过完善规划、政策和制度体系，从制度上实现区域政策的动态调整和持续优化。

三、谋划了重大战略引领的区域经济发展新路径

党的十八大以来，以习近平同志为核心的党中央运筹帷幄、着眼全局，提出了京津冀协同发展、长江经济带发展、粤港澳大湾区建设、推进海南全面深化改革开放、长江三角洲区域一体化发展、黄河流域生态保护和高质量发展等一系列重大战略，成为新时代完善我国发展新格局的重要支撑，在实践中逐步探索形成了重大战略引领的区域经济发展新模式、新路径。

京津冀协同发展围绕疏解北京非首都功能这一“牛鼻子”，进一步提高为中央政务服务保障水平，推动交通、生态、产业等重点领域合作先行，建设雄安新区、北京城市副中心，探索以世界级城市群为基础的人口经济密集地区优化开发模式。长江经济带发展以共抓大保护、不搞大开发为导向，探索生态优先、绿色发展的新路子，打造引领高质量发展的生力军。粤港澳大湾区立足建设国际一流湾区和世界级城市群，在一个国家、两种制度、三个独立关税区的体制框架基础上，致力于在基础设施互联互通、打造国际科技创新中心、共建宜居宜业宜游的优质生活圈等方面取得突破。海南加快建设具有国际竞争力和影响力的海关监管特殊区域，将海南自由

贸易港打造成为引领我国新时代对外开放的鲜明旗帜和重要开放门户。长江三角洲区域一体化发展要打破行政藩篱，为全国区域一体化提供示范。黄河流域下大力气共同抓好大保护、协同推进大治理，走生态保护和高质量发展的新路子。

四、完善了中国特色社会主义区域经济发展的规划政策体系

习近平总书记指出，要根据经济发展客观要求和政府公共支出能力，缩小政策单元，重视跨区域、次区域规划，提高区域政策精准性。[1] 党的十九大报告提出，创新和完善宏观调控，发挥国家发展规划的战略导向作用，健全财政、货币、产业、区域等经济政策协调机制。

随着京津冀协同发展、长江经济带发展、粤港澳大湾区建设、推进海南全面深化改革开放、长江三角洲区域一体化发展等重大战略深入实施，逐步形成了以重大战略规划纲要或指导意见为指导、若干专项规划及实施方案为支撑的目标一致、层次明确、互相衔接的区域战略规划与区域政策体系，进一步完善了中国特色社会主义区域经济发展的规划政策体系。

[1]《中央经济工作会议在北京举行》，《人民日报》2013 年 12 月 14 日。

第三节

提供了解决我国区域经济发展问题的新方略

党的十八大以来，习近平总书记亲自谋划、亲自部署、亲自推动了一系列重大区域发展战略，解决了许多长期想解决而没有解决的难题，办成了许多过去想办而没有办成的大事，推动我国区域发展发生历史性变革，形成了指导解决我国区域经济发展问题的新方略。

一、坚持全国一盘棋、区域一体化，解决市场分割和要素流动障碍问题

习近平总书记关于区域发展战略的重要论述，强调坚持全国一盘棋的思路，打破一亩三分地的思维定式，以区域一体化促进全

国统一市场建设，清理和废除妨碍全国统一市场和公平竞争的各种规定和做法，促进人员、技术、资本、货物、服务、信息等要素有序自由流动，全面提高资源配置效率。例如，将长江三角洲区域一体化上升为国家战略，在不打破既有行政区划的前提下，推动共建统一的人才市场、产权交易市场，加强资本市场合作、推动土地要素市场化配置综合改革等，探索一体化发展制度创新，实现产业协同创新、基础设施互联互通、生态环境共保联治、公共服务便利共享等，为探索有效化解生产要素流动障碍提供了新方略。

二、坚持体制机制创新，促进区域经济协调发展

习近平总书记指出，要采取有力措施促进区域协调发展、城乡协调发展，加快欠发达地区发展，积极推进城乡发展一体化和城乡基本公共服务均等化。[1] 解决发展差距问题，单纯靠市场自发调节是无效的，政府必须通过不断地体制机制创新履行好再分配功能。例如，基本公共服务均等化水平是体现区域经济协调发展的重要领域。2018 年，国务院办公厅印发《基本公共服务领域中央与地方共同财政事权和支出责任划分改革方案》，将义务教育、基本就业

[1]《习近平在华东七省市党委主要负责同志座谈会上强调 抓住机遇立足优势积极作为 系统谋划“十三五”经济社会发展》，《人民日报》2015 年 5 月 29 日。

服务、基本养老保险、基本医疗保障等八大类共计18个事项纳入中央与地方共同财政事权范围，并规范指出责任分担方式，标志着财政事权和支出责任划分取得了新的重大进展，有利于促进基本公共服务均等化水平的提高。在健全利益补偿机制方面，2016年，国务院办公厅印发《关于健全生态保护补偿机制的意见》，要求到2020年基本建立符合我国国情的生态保护补偿制度体系，促进生态保护者和受益者之间的良性互动。

三、坚持让市场在资源配置中起决定性作用和更好发挥政府作用，支持中心城市和城市群发展

习近平总书记指出，产业和人口向优势区域集中，形成以城市群为主要形态的增长动力源，进而带动经济总体效率提升，这是经济规律。[1]这进一步统一了各地区、各部门的思想认识，不仅有利于优势地区发展，更有利于全国发展大局。这一重要论述在实践中已经取得积极效果，京津冀、粤港澳大湾区、长三角三大动力源发展态势良好，创新能力显著增强，新动能加快培育，对外开放进一步扩大，在全国经济大局中的引领带动作用更强，成为我国参与国际竞争的重要主体。

[1]《推动形成优势互补高质量发展的区域经济布局》（2019年8月26日），《求是》2019年第24期。

四、坚持绿色发展理念，突破资源环境的约束矛盾

习近平总书记指出，要科学布局生产空间、生活空间、生态空间，扎实推进生态环境保护，让良好生态环境成为人民生活质量的增长点，成为展现我国良好形象的发力点。[1] 随着资源环境硬约束的加强，传统的资源导向型增长模式以及以生态环境破坏为代价的区域发展方式被叫停，绿水青山就是金山银山的理念日益深入人心。

随着工业化、城镇化推进，我国四大板块均出现不同程度的生态环境问题，东部、中部、西部和东北地区结合实际情况，分别采取跨流域污染治理、优化产业布局、退耕还林还草、实施“天保工程”等措施，在环境治理实践中形成了多样化的区域环境治理路径，有效改善了生态环境质量，开创了生态治理的新局面。

---

[1]《习近平在华东七省市党委主要负责同志座谈会上强调 抓住机遇立足优势积极作为 系统谋划“十三五”经济社会发展》，《人民日报》2015 年 5 月 29 日。

第四节

贡献了解决全球区域经济发展问题的中国智慧

习近平总书记关于区域发展战略的重要论述，不仅为解决我国区域发展存在的困难和问题提供了方案，也为其他国家解决区域发展问题提供了借鉴，为解决全球区域经济发展问题贡献了中国智慧。

一、提出了缩小区域发展不平衡的新思路

区域差异大、发展不平衡既是我国的基本国情，也是世界各国在经济发展中普遍面临的现实问题。各国内部先发地区往往能够凭借早期发展所积累的资本优势进一步增强要素聚集能力，进而导致各地区之间发展不平衡日益加剧。党的十八大以来，以习近平同志

为核心的党中央结合新形势，充分发挥社会主义的政治优势和制度优势，对革命老区、民族地区、边疆地区等特殊类型地区实施了一系列特殊扶持政策，逐步构建起一套具有中国特色的特殊区域发展政策体系，为各国推动欠发达地区发展开辟了行之有效的“中国思路”。

一是充分发挥中国特色社会主义制度优势，深化东中西部地区对口帮扶，推动东部地区产业、技术、人才、资金等要素资源向中西部地区流动，实现产业互补、人员互动、技术互学、观念互通、作风互鉴，共同发展。二是以传统和新型基础设施优化升级为重点，加快欠发达地区发展环境改善，逐步增强欠发达地区的自我发展能力，实现跨越式发展。三是在部分生存条件恶劣、存在“一方水土养不起一方人”现象的边远地区，针对贫困人口开展建档立卡，在群众自愿基础上，妥善推进易地扶贫搬迁工作。

二、构建了推动不同区域各展所长协同发展的新模式

不同国家和区域的资源禀赋、发展条件不尽相同，必须立足国情区情，充分发挥自身优势，实现协同发展，这对于提升区域价值链、增强区域竞争力具有重要意义。现阶段，部分发展中国家受交通等基础设施薄弱、产业结构雷同、利益诉求重叠、关键要素（资金、技术、市场）缺乏等因素制约，经济社会合作基础严重不足，区域协同发展进展缓慢。习近平总书记关于区域发展战略的重要论

述，为其他国家特别是广大发展中国家间及国家内部区域协同发展提供了可复制、可推广的“中国模式”。

一是以遵循客观规律为前提，强化顶层设计，充分发挥各地区比较优势，明确各地功能定位，形成以比较优势为基础、各展所长、优势互补、各得其所的区域经济布局。二是将交通一体化、生态环境协同保护、产业对接作为区域协同发展的先行领域率先发力，加快试点示范、改革创新，努力实现各地交通、生态、产业“一张图”规划、“一盘棋”建设、“一体化”发展。三是把推动市场一体化作为区域协同发展的根本途径，加快推进市场一体化进程，下决心破除限制资本、技术、产权、人才、劳动力等生产要素自由流动和优化配置的各种体制机制障碍，推动各种要素按照市场规律在区域内自由流动和优化配置。

三、贡献了推动区域创新发展的新经验

近年来，全球新一轮科技革命和产业革命面临重大突破，争夺发展制高点的竞争空前激烈，创新驱动代替要素驱动成为区域经济发展的重要增长动力。党的十八大以来，以习近平同志为核心的党中央把创新摆在国家发展全局的重要位置，极大丰富了全球发展中国家区域创新发展的理论和实践，为广大发展中国家提供了区域创新的“中国经验”。

一是将创新发展作为区域发展的重要动力，注重通过调整优

化创新要素布局来引领区域创新和发展，如在长江三角洲区域一体化发展中重点布局以“一圈一核三极多点”为核心的“长三角科技创新圈”和G60科创走廊等；粤港澳大湾区以“建设成为具有全球影响力的国际科技创新中心”为战略定位，加速打造“广州—深圳—香港—澳门”科技创新走廊。二是初步探索形成了以国家综合性科学中心为引领，以科技创新走廊为主体形态，以创新型企业、科研院所、中介服务机构、地方政府等为支撑，以完善创新生态为制度保障的高效率区域创新体系，凝聚起区域创新发展的强大合力。

四、提供了推动区域开放发展的新方案

当前经济全球化正处在关键的十字路口，在全球产业分工体系及技术资本要素流动促进全球化加深的同时，逆全球化浪潮也在全球范围内不断蔓延。党的十九大报告指出，要同舟共济，促进贸易和投资自由化便利化。这充分表明了以习近平同志为核心的党中央坚定不移扩大对外开放的决心。特别是上海自贸区临港新片区和海南自由贸易港的相继设立，更是为区域贸易的自由化便利化提供了具有中国特色的新方案，为畅通全球经济社会循环、引领发展中国家对外开放和经济体制改革提供了重要支撑。

上海自贸区临港新片区将“自由”放在更加突出的位置，在全面实施综合保税区政策的基础上，取消不必要的贸易监管、许可和

程序要求，实施更高水平的贸易自由化便利化政策和制度，打造国际贸易开放创新的新枢纽。海南自由贸易港则对标世界最高水平开放形态，以旅游业、现代服务业和高新技术产业为主体，着力建设以人流带动特色商品流、资金流和信息流的自由贸易港，能够为旅游、互联网、医疗健康、金融、会展等现代服务业及服务贸易的创新融合发展提供强有力支撑。

五、开拓了区域生态保护和高质量发展的新路径

全球气候变化、环境污染、生态安全、重大自然灾害等问题日益突出，对各国经济社会可持续发展产生了重大而深远的影响，特别是发展中国家面临的生态环境保护与经济发展之间的矛盾更加突出。以习近平同志为核心的党中央创新性地提出长江经济带发展、黄河流域生态保护和高质量发展等重大区域发展战略，为全球重点生态功能区生态保护和高质量发展作出了极具参考意义的中国特色新实践、新探索。

一是以大江大河流域来统筹推动生态保护和高质量发展，树立“一盘棋”思想，统筹谋划上下游、干支流、左右岸发展，统筹防洪、供水、生态、发电、航运等功能，探索大江大河流域保护性开发新模式。二是把水资源作为最大刚性约束，坚持以水定城、以水定地、以水定人、以水定产，合理规划人口、城市和产业发展，坚决抑制不合理用水需求。三是充分运用系统工程思维，坚持山水林

田湖草综合治理、系统治理、源头治理，推行陆海统筹、河湖联动的综合协调治理模式。四是将专项行动和整顿作为生态治理重要工作方法，制定《长江保护修复攻坚战行动计划》，明确开展“4+1”专项行动和问题整改；研究起草《黄河生态保护治理总体工作方案》，实施沿黄九省区大气、水、土壤污染防治行动及重点流域水污染防治。

学习贯彻习近平新时代中国特色社会主义经济思想
做好“十四五”规划编制和发展改革工作
系列丛书

第二章

学习贯彻习近平总书记关于区域发展战略重要论述的深刻体会

党的十八大以来，习近平总书记高度重视区域发展，亲自谋划、亲自部署、亲自推动京津冀协同发展、长江经济带发展、粤港澳大湾区建设、推进海南全面深化改革开放、长江三角洲区域一体化发展、黄河流域生态保护和高质量发展等重大区域发展战略，区域发展协调性明显增强，区域比较优势进一步发挥，区域发展差距逐步缩小。习近平总书记关于区域发展战略的重要论述，指导推动我国区域经济发展向着更高层次、更高质量阔步前行。

第一节

客观认识地区间发展差距，在发展中解决不平衡问题

习近平总书记在中央财经委员会第五次会议上开宗明义地指出，我国幅员辽阔、人口众多，各地区自然资源禀赋差别之大在世界上是少有的[1]。这种国情之下，地区间发展差距会始终存在，重要的是要在发展中促进相对平衡，改变当前地区间发展差距过大的格局，逐步解决发展不平衡不充分问题。

[1]《推动形成优势互补高质量发展的区域经济布局》（2019 年 8 月 26 日），《求是》2019 年第 24 期。

一、地区间发展出现明显分化，成为我国高质量发展的突出短板

习近平总书记指出，我国区域经济发展分化态势明显，发展动力极化现象日益突出，部分地区发展面临较大困难[1]。区域发展差距较大是我国长期客观存在的问题，这是自然、地理和社会历史等多重因素形成的。习近平总书记对我国地区间发展差异的判断，是新时期制定我国区域发展战略政策的基础和前提。

近年来，在区域发展形势不断向好的同时也出现了一些新情况、新问题。随着北方地区尤其是东北和西北地区多个省份出现经济增长不景气、投资下滑严重等问题，南北差距加速扩大，基本公共服务水平差距过大等矛盾不断凸显。地区间过大的发展差距，已经成为制约我国高质量发展的短板。

四大板块间的走势分化、差距扩大特征进一步显现。2013 年以来，东北地区生产总值与其他三个板块的分化愈加明显。2019 年，东北地区经济总量为 50 249 亿元，占当年全国经济总量的比值为 5.1%，较 2012 年下降 3.7 个百分点；与东部地区的比值由 2012 年的 17.1% 下降到 2019 年的 9.8%。2019 年，广东省地区生产总值达到 10.767 万亿元，接近于当年西北六省区经济总量的

[1]《推动形成优势互补高质量发展的区域经济布局》（2019 年 8 月 26 日），《求是》2019 年第 24 期。

1.5倍。2012年，北京人均国内生产总值（GDP）是甘肃的4倍，到2019年，北京人均GDP扩大为甘肃的5倍，差距进一步拉大。

经济增速表现为明显的“南快北慢”，全国经济重心进一步南移。从地区生产总值看，2019年北方地区生产总值占全国的比重为35.4%，较2012年的42.8%下降了7.4个百分点，南北经济分化越来越明显。党的十八大以来，在经济结构转型的大背景下，各地经济增长态势也发生显著变化，其中以重庆、四川、贵州、云南等为代表的西南地区迅速崛起，部分地区的经济增速连续多年保持较快增长势头。例如，贵州2019年增速达到8.3%，高出全国2.2个百分点，连续九年位居全国前列。相较之下，北方地区的一些省（区、市）经济增速表现出明显的放缓态势，东北三省、陕西、甘肃、天津、山东、内蒙古等省区尤其明显。具体来看，2019年经济增速高于全国平均水平的19个省（区、市）中，北方省份仅有河南、山西、河北、甘肃、青海、新疆、宁夏7个省区，其余均为南方省（区、市）；经济增速后10位中北方省份有7个，其中吉林、黑龙江和天津分别以3.0%、4.2%和4.8%的经济增速居最后三位。

板块内部也出现明显分化。当前地区间发展差距不仅体现在板块之间，也突出体现在同一板块内部。同在西部地区，西北地区增长明显慢于西南地区。以贵州省和甘肃省为例，2011年两省经济情况大体相当，都是在5 000亿元的地区生产总值量级上。近年来，两省经济增长差距大幅拉开。2019年，贵州省地区生产总值为16 769亿元，较上年增长8.3%，增速居于全国首位；甘肃省地区生产总值为 8 718 亿元，较上年增长 6.2%，总量相差 8 051 亿元，增速相差 2.1 个百分点。同在东部地区，天津经济增速放缓，2019 年仅增长 4.8%，低于东部地区平均水平 1.5 个百分点。同在东北地区，辽宁省形势相对较好，2019 年增长 5.5%，但吉林、黑龙江两省经济增长仍处低位，分别是 3.0%、4.2%。

二、地区间发展差距始终存在，解决不平衡问题要立足于实现地区间的相对平衡

对如何认识地区间发展不平衡问题，习近平总书记有精辟而深刻的论述：由平衡到不平衡再到新的平衡是事物发展的基本规律；平衡是相对的，不平衡是绝对的。[1] 习近平总书记指出，不能简单要求各地区在经济发展上达到同一水平，而是要根据各地区的条件，走合理分工、优化发展的路子，[2] 要在发展中促进相对平衡。平衡与不平衡是相对而言的，没有绝对的平衡，当原有的不平衡克服了，进一步发展又会出现新的不平衡，又需要进行新的协调。在解决不平衡问题上，既不能为了平衡而不发展，也不能先发展后平衡，而是在动态发展中实现平衡发展和充分发展的统一、发展相对平衡和绝对不平衡的统一。

---

[1]《深入理解新发展理念》（2016 年 1 月 18 日），《求是》2019 年第 10 期。
[2]《推动形成优势互补高质量发展的区域经济布局》（2019 年 8 月 26 日），《求是》2019 年第 24 期。

习近平总书记指出，区域发展不平衡有经济规律作用的因素，但区域差距过大也是个需要重视的政治问题。[1]我国不同地区间发展基础各异，发展差距会始终存在。一是自然条件方面，我国幅员辽阔，人口众多，从南到北，从东到西，从沿海到内陆，各地区自然资源禀赋存在先天性差异。例如，东部地区气候宜人，雨水充分，交通便利，与外界贸易交流广泛；西北地区气候干燥，降水不足，交通相对不便，经济发展不利因素多。以著名的“胡焕庸线”为界，东南人口密集，西北人口稀疏。二是受历史、文化等多种因素影响。例如，唐宋以后，我国经济重心逐步向长江中下游和东南沿海地区转移；新中国成立初期，苏联援建的156项重点工程中70%以上布局在北方，其中东北占了54项；改革开放前期，我国实施非均衡发展战略，倾斜支持沿海地区加快对外开放，沿海地区较快地先发展起来。三是体制机制观念方面，东部沿海地区改革开放较早较深入，市场经济思维活跃，营商环境较优，而北方地区尤其是东北地区，计划经济观念影响较深，政府职能加快转变不够。

深刻理解习近平总书记关于“平衡”的重要论述，需要辩证地看待地区间发展存在的差距。一方面，合理的差距可以促进发展。经济社会发展是螺旋式前进的过程，有差距意味着有努力的空间，合理的差距有利于保持竞争的压力与活力，促进生产要素合理流动与优化配置。另一方面，不合理的差距会对经济社会的稳定有序发

[1]《习近平与“十三五”五大发展理念·协调》，学习中国 2015 年 11 月 2 日。

展产生危害。区域间发展不平衡，导致地区间居民收入分配、公共服务产品提供等存在差距，这些差距如果过大且长期存在，就可能导致社会甚至政治问题出现。“千钧将一羽，轻重在平衡”，在区域发展过程中，平衡发展是立足于实现地区间的相对平衡，而不是不顾实际的追求绝对平衡。区域间发展差距的缩小是在注重增强区域动力的基础上缩小差距，是在发展的基础上逐步缩小，这是长周期的系统性工程，不是线性地、匀速地、机械地缩小。

三、平衡发展不是平均发展，关键要提升相对落后地区自身发展能力

习近平总书记多次强调，区域协调发展不是平均发展、同构发展，而是优势互补的差别化协调发展。平衡发展不是平均发展，既是坚持发展相对平衡和绝对不平衡统一的必然要求，也是在发展中促进相对平衡的应有之义。解决不平衡问题，要避免依靠削富济贫的平均主义方式来达到区域间绝对平衡。长远来看，最关键的是要依靠相对落后地区自己充分发展。

相对落后地区发展的关键是要处理好自身发展能力和外部推动力的关系。过于依赖外部推动力，既会因对发达地区的过分索取而造成发展动力不足的效率问题，也会限制自身发展能力，进而造成区域间更加不平衡的公平问题。换言之，如果不注重发挥自身比较优势，即使外部提供了其发展所需的物资资源，欠发达地区依然无

法摆脱发展难以为继的境况，从而陷入更加贫困的泥淖中。

习近平总书记历来强调要提高落后地区自身发展能力，从战略和全局高度为落后地区发展进行把脉定位，对欠发达地区发展提出新的更高要求。2013 年 11 月，习近平总书记在湖南、山东考察时强调指出，发展是甩掉贫困帽子的总办法，贫困地区要从实际出发，因地制宜，把种什么、养什么、从哪里增收想明白，帮助乡亲们寻找脱贫致富的好路子；[1] 欠发达地区抓发展，更要立足资源禀赋和产业基础，做好特色文章，实现差异竞争、错位发展；欠发达地区和发达地区一样，都要努力转变发展方式，着力提高发展质量和效益，不能"捡进篮子都是菜"。[2] 2016 年 7 月，习近平总书记在宁夏考察时指出，越是欠发达地区，越需要实施创新驱动发展战略。2017 年 6 月，习近平总书记在深度贫困地区脱贫攻坚座谈会上讲话要求，深度贫困地区要加大内生动力培育力度、扶贫要同扶智、扶志结合起来。智和志就是内力、内因。[3] 习近平总书记以"弱鸟先飞"形象地描述在福建宁德工作时的经历，就是说贫困地区、贫困群众首先要有"先飞"的意识和"先飞"的行动，没有内在动力，仅靠外部帮扶，不能从根本上解决问题。

---

[1]《习近平在湖南考察时强调 深化改革开放推进创新驱动 实现全年经济社会发展目标》，《人民日报》2013 年 11 月 6 日。

[2]《习近平在山东考察时强调 认真贯彻党的十八届三中全会精神 汇聚起全面深化改革的强大正能量》，《人民日报》2013 年 11 月 29 日。

[3]《在深度贫困地区脱贫攻坚座谈会上的讲话》，《人民日报》2017 年 9 月 1 日。

第二节

发挥不同地区比较优势，形成因地制宜、优势互补的区域分工合作思路

习近平总书记从实事求是的原则出发，因应我国国土面积大、人口分布广、资源环境禀赋差异性强的客观事实，创造性地提出了“宜水则水、宜山则山、宜粮则粮、宜农则农、宜工则工、宜商则商”[1]的区域分工合作思路，为不同类型地区如何发挥各自比较优势，形成一条因地制宜、优势互补、协调联动的差异化区域高质量发展新路子指明了道路，为新时期构建保障国家生态安全、农业安全、经济安全的区域发展新格局提供了根本遵循。

---

[1]《习近平在河南主持召开黄河流域生态保护和高质量发展座谈会时强调 共同抓好大保护协同推进大治理 让黄河成为造福人民的幸福河》，《人民日报》2019 年 9 月 20 日。

一、凸显城镇、农业、生态三类空间，促进主体功能区战略精准落实

习近平总书记关于“宜水则水、宜山则山、宜粮则粮、宜农则农、宜工则工、宜商则商”[1]的重要论述，更加强调促进人口、经济和资源、环境的空间均衡，更加凸显不同区域的资源环境承载能力和开发潜力。经济发展条件好的区域要承载更多产业和人口，发挥经济价值创造作用，也就是要“宜工则工、宜商则商”；在适合农业和粮食生产的区域要增强优质农产品生产能力，保障国家粮食安全，也就是要“宜粮则粮、宜农则农”；在生态功能重要、生态环境敏感脆弱的区域要创造更多生态产品，筑牢国家生态安全屏障，也就是要“宜水则水、宜山则山”。面向未来，全面统筹各类开发活动，实现人口经济和资源环境空间均衡，是未来优化我国国土空间开发格局的重要路径，这既是提升每个区域自身经济运行效率的需要，也是促使区域间形成协调发展格局的必然要求。

落实到制度设计上，就是要进一步完善和落实主体功能区战略，更好地发挥主体功能区作为国土空间开发保护基础制度的作用。在我国经济高速发展的过程中，区域开发一度缺乏空间的有效

[1]《习近平在河南主持召开黄河流域生态保护和高质量发展座谈会时强调 共同抓好大保护协同推进大治理 让黄河成为造福人民的幸福河》，《人民日报》2019年9月20日。

管控，资源环境保护面临较大压力。各级地方政府发展经济存在一定盲目和冲动，导致城镇空间和工业空间快速扩张，生态空间和农业空间受到蚕食和挤占。随着主体功能区战略不断深入推进，主体功能区理念日益深入人心，相应的体制机制建设逐步完善和配套。2016年，“十三五”规划纲要提出要“强化主体功能区作为国土空间开发保护基础制度的作用，加快完善主体功能区政策体系”。2017年，《中共中央 国务院关于完善主体功能区战略和制度的若干意见》发布，基本搭建起相应的制度框架体系[1]，支撑主体功能区规划上升成为国家战略。党的十九大报告明确提出“构建国土空间开发保护制度，完善主体功能区配套政策”。未来一段时期，要在严格执行主体功能区规划基础上，将国家和省级层面主体功能区战略格局在市县层面精准落地；健全优化开发区、重点开发区、农产品主产区、重点生态功能区等各类主体功能区高质量发展长效机制。

二、推动优势地区进一步集聚人口和产业，促进生产力布局优化和合理分工

习近平总书记指出，我国经济发展的空间结构正在发生深刻变

[1] 制度框架体系包括资源环境承载力评价预警机制、生态补偿机制、重点生态功能区产业准入负面清单制度、国家公园管理体制、差异化绩效考核机制、“三区三线”划定制度、空间用途管制制度、生态产品价值实现机制、规划衔接协调机制等。

化，产业和人口向优势区域集中，形成以城市群为主要形态的增长动力源，进而带动经济总体效率提升，这是经济规律。[1]伴随我国市场体系的日趋完善，各类生产要素自由流动并向优势地区集中，这是资源配置效率不断提高的必然趋势。改革开放以来，我国大中小城市和小城镇快速发展，城市数量迅速增加，城市人口规模明显扩大。党的十八大以来，我国常住人口城镇化率从2013年末的53.73%提高到2019年末的60.60%。

但同时也需要清醒认识到，优势地区在综合承载能力、国际竞争力、集约节约利用水平等方面还有较大的提升空间。2019年底，我国大陆地区户籍人口城镇化率与常住人口城镇化率的差距仍有16.22个百分点，距离发达国家70%～80%的城镇化率水平还有一定的距离，大量城镇常住人口还没有真正融入城市生活中。以北上广深为代表的超大城市已经出现大城市病问题，部分地区中心城市出现产业基础较差、优质资源匮乏、难以吸引产业和人才进入、增长乏力等问题；东北地区要素流失严重，新旧动能转化不畅，经济持续健康发展难度加大。

优势地区是实现我国经济高质量发展任务的主战场。面向未来，优势地区要坚持“宜工则工、宜商则商”，要承载更多产业和人口，发挥价值创造作用；提高中心城市和城市群综合承载和资源优化配置能力，着力谋划好、推动好中心城市、都市圈、城市群等

[1]《推动形成优势互补高质量发展的区域经济布局》（2019年8月26日），《求是》2019年第24期。

经济发展条件好地区的高质量发展路径；在提升创新发展能力、培育新经济增长点、构建现代产业体系方面狠下功夫，打造引领我国经济高质量发展的动力源地区。

三、增强农产品主产区综合生产能力，保障国家粮食安全

针对如何推动我国粮食主产区的高质量发展，确保国家粮食安全，习近平总书记指出，国家要加大对粮食主产区的支持，增强粮食主产区发展经济和增加财政收入能力，实现粮食主产区粮食生产发展和经济实力增强有机统一、粮食增产和农民增收齐头并进。[1] 2019 年 9 月，习近平总书记在黄河流域生态保护和高质量发展座谈会上指出，河套灌区、汾渭平原等粮食主产区要发展现代农业，把农产品质量提上去[2]，为保障国家粮食安全作出贡献；2019 年 5 月，习近平总书记在江西考察调研时指出，推进农业农村现代化，夯实粮食生产基础，坚持质量兴农、绿色兴农，不断提高农业综合效益和竞争力。[3]

当前，我国围绕保障国家粮食安全和重要农产品供给，重点构

---

[1]《习近平在吉林调研时强调 保持战略定力增强发展自信 坚持变中求新变中求进变中突破》，《人民日报》2015 年 7 月 19 日。

[2]《习近平在河南主持召开黄河流域生态保护和高质量发展座谈会时强调 共同抓好大保护协同推进大治理 让黄河成为造福人民的幸福河》，《人民日报》2019 年 9 月 20 日。

[3]《习近平在江西考察并主持召开推动中部地区崛起工作座谈会时强调 贯彻新发展理念推动高质量发展 奋力开创中部地区崛起新局面》，《人民日报》2019 年 5 月 23 日。

建以东北平原、黄淮海平原、长江流域、汾渭平原、河套灌区、华南和甘肃、新疆等农产品主产区为主体，以基本农田为基础，以其他农业地区为重要组成的农业战略格局，农产品主产区建设进一步加强。但也存在一些问题，大规模的经济建设占用了大量耕地，由此带来耕地“占补平衡”的巨大压力，一些地方占优补劣、占近补远，补充耕地时上演“围湖毁林”“上山下滩”，给我国耕地的总体质量带来隐患。从县级行政区看，产粮大县的发展普遍落后，综合城镇化率不到30%，许多产粮大县仍是财政穷县，陷入粮食贡献越大、地方财政收入越少、农民收入越低、经济越落后的恶性循环，已严重影响地方政府抓农业生产和农民种粮的积极性，给国家粮食安全和可持续发展带来隐患。

未来一段时期，粮食主产区要坚持“宜农则农、宜粮则粮”，突出其保障国家粮食安全的主体功能，严格永久基本农田保护制度，加强耕地保护和治理，通过加强涉农基础设施建设、提升农产品质量、促进三产深度融合等措施，促进粮食主产区高质量发展，确保国家粮食安全和保障重要农产品有效供给。

四、加大生态功能区保护力度，筑牢生态安全屏障

生态功能区是承担生态服务和生态系统调节维护功能的区域，对维护我国生态安全具有重要作用。习近平总书记一直都将生态环境保护放在重要位置，强调要加强重点生态功能区生态保护，创造

更多生态产品，优化区域生态格局，巩固提高生态服务功能，加快建设国家生态安全屏障。习近平总书记多次亲自考察督查我国重点生态功能区的建设情况，2019 年 9 月，习近平总书记在黄河流域生态保护和高质量发展座谈会上提出，三江源、祁连山等生态功能重要的地区，就不宜发展产业经济，主要是保护生态，涵养水源，创造更多生态产品[1]；2020 年 3 月在浙江重访安吉余村，4 月在陕西走进秦岭深处，5 月在山西汾河了解黄河流域综合治理成果，6 月在宁夏考察贺兰山生态保护。

党的十八大以来，生态文明建设被纳入“五位一体”总体布局，“保护生态环境”被列入全面依法治国的重要内容、“生态文明”被写入宪法，人与自然和谐共处已成为社会共识，生态文明建设取得重大进展。但我国地域类型复杂、生态环境脆弱，沙漠化、盐碱化、水土流失严重，生态保护和经济社会发展矛盾依旧较为突出。一是重点生态功能区存在生态功能退化。全国土地二次调查数据显示，与第一次调查相比，因草原退化、耕地开垦、建设占用等因素导致草地减少达 1.6 亿亩（1 亩≈ 0.066 7 公顷），具有生态涵养功能的滩涂、沼泽减少 10.7%，冰川与积雪减少 7.5%。二是保护与发展的矛盾始终存在。城市快速扩张和工业园区建设直接占用或破坏优质农田、河湖水面，东北林区、西北草原、西南山地等生

[1]《习近平在河南主持召开黄河流域生态保护和高质量发展座谈会时强调 共同抓好大保护协同推进大治理 让黄河成为造福人民的幸福河》，《人民日报》2019 年 9 月 20 日。

态脆弱、发展滞后区域，就地开垦林草地、山坡地现象仍然存在，造成对脆弱生态空间的直接侵占。三是生态功能区的经济优势未充分发挥。重点生态功能区往往也是贫困地区，经济社会发展程度低，基础设施建设水平较差。受消费能力限制和观念意识制约，这些地区的生态资源、绿色农产品、生态旅游等产品的市场空间未被激发，生态功能区的生态优势没有及时转化为经济优势。

对于生态功能区，要坚持“宜山则山、宜水则水”，正确处理人与自然的关系、生产与生态的关系、生态与民生的关系，切实保障我国生态安全。要逐步摒弃以牺牲生态环境换取一时经济增长的做法，保护好森林、草原、湿地、湖泊、海洋等生态空间。对于生态系统脆弱、需要严格保护和禁止开发的地区，要以中央财政转移支付和横向生态补偿等方式为主，确保实现可持续发展；对于一般性生态保护区域，要充分体现生态价值功能，促进生态产品价值转化。

第三节

重点突破与整体推进相结合，从区域维度构建我国经济高质量发展的动力系统

习近平总书记指出，要加快构建高质量发展的动力系统，增强中心城市和城市群等经济发展优势区域的经济和人口承载能力；要形成几个能够带动全国高质量发展的新动力源，特别是京津冀、长三角、珠三角三大地区，以及一些重要城市群。[1] 构建高质量发展的动力系统，塑造符合现代化建设要求的空间格局，需要重点突破与整体推进相结合，既要主次分明、层次清晰，又要统筹全局、形成合力。

[1]《推动形成优势互补高质量发展的区域经济布局》（2019 年 8 月 26 日），《求是》2019 年第 24 期。

一、建设世界级城市群，打造参与国际竞争的强大动力源

全球经济正面临再平衡，国家间的竞争正日益演化为主要城市群之间的综合实力比拼。从国外看，国际公认的世界级城市群主要有 5 个，包括美国东北部大西洋沿岸城市群、北美五大湖城市群、日本太平洋沿岸城市群、英伦城市群、欧洲西北部城市群，均是国家经济的核心区域。从国内看，京津冀、粤港澳大湾区、长三角已经成为我国经济最具活力、开放程度最高、创新能力最强、吸纳人口最多的地区，在国家发展大局中具有重要战略地位，成为我国积极参与全球竞争的重要空间载体。然而，与世界五大城市群相比，我国三大城市群发展能级尚显不足，还有很大潜力亟待发掘。以长三角城市群为例，虽然从规模和体量上看，长三角城市群已可与世界五大城市群比肩，但在区域内部的协同发展和对全球资源配置的影响力上还存在较为明显的差距。目前，长三角城市群人均 GDP 约为上述世界五大城市群的三分之一，并且在创新能力、绿色发展、政府效率、基础设施、高等教育、金融资源等方面，还无法与美、日、英、法等发达国家为代表的城市群同梯队竞争。

习近平总书记在多个场合、多次考察中对三大城市群建设的定位、方向和路径作出重要指示。2014 年 2 月，习近平总书

记在北京主持召开京津冀协同发展座谈会强调指出，实现京津冀协同发展，是面向未来打造新的首都经济圈、推进区域发展体制机制创新的需要，是实现京津冀优势互补、促进环渤海经济区发展、带动北方腹地发展的需要，是一个重大国家战略，要坚持优势互补、互利共赢、扎实推进，加快走出一条科学持续的协同发展路子来。[1] 2018 年 11 月，习近平主席会见香港澳门各界庆祝国家改革开放 40 周年访问团时强调指出，实施粤港澳大湾区建设，是我们立足全局和长远作出的重大谋划，也是保持香港、澳门长期繁荣稳定的重大决策。要大胆闯、大胆试，开出一条新路来。[2] 2018 年在首届中国国际进口博览会上，习近平主席宣布支持长江三角洲区域一体化发展并上升为国家战略。加快构建高质量发展的动力系统，要深入推进京津冀协同发展、粤港澳大湾区建设、长江三角洲区域一体化发展三大战略，将京津冀、粤港澳、长三角打造成为世界级创新平台和增长极，形成引领全国高质量发展、支撑我国甚至全球创新发展、参与全球竞争的战略性动力源。

---

[1]《习近平在听取京津冀协同发展专题汇报时强调 优势互补互利共赢扎实推进 努力实现京津冀一体化发展》，《人民日报》2014 年 2 月 28 日。

[2]《会见香港澳门各界庆祝国家改革开放 40 周年访问团时的讲话》，《人民日报》2018 年 11 月 13 日。

二、提高中心城市和城市群等经济发展优势区域承载能力，形成高质量发展的重要支撑

习近平总书记指出，经济和人口向大城市及城市群集聚的趋势比较明显。北京、上海、广州、深圳等特大城市发展优势不断增强，杭州、南京、武汉、郑州、成都、西安等大城市发展势头较好，形成推动高质量发展的区域增长极。[1] 加快构建高质量发展的动力系统，要进一步提高中心城市和城市群的承载能力，加快打造我国高质量发展的重要增长极。

近年来，京津冀、长三角、珠三角、山东半岛、海峡西岸、哈长、辽中南、中原、长江中游、成渝、关中平原、北部湾、山西中部、呼包鄂榆、黔中、滇中、兰州—西宁、宁夏沿黄、天山北坡 19 个城市群经济转型升级进程加快，集聚能力和辐射作用逐步增强，已经成为我国承载发展要素、引领高质量发展的主要空间载体。同时，我国崛起了一批以北京、上海、广州、深圳为代表的深度融入全球经济网络的城市，在全球城镇体系中的位势不断提高，逐步成为我国参与国际合作与竞争的重要载体。

但也要看到，我国城市群内部发展差异较大，大部分城市群

[1]《推动形成优势互补高质量发展的区域经济布局》（2019 年 8 月 26 日），《求是》2019 年第 24 期。

还处于培育阶段，山西中部、兰州—西宁、呼包鄂榆三个城市群人口在 1 000 万 ~ 2 000 万人，宁夏沿黄、天山北坡城市群人口不到 700 万人。多数区域中心城市对周边城市的发展带动不足，城市间的内在联系较弱，分工体系和区域基础设施仍不完善。以成渝地区双城经济圈为例，2019 年除成都、重庆（主城区）外，仅有绵阳、宜宾的地区生产总值突破 2 500 亿元，众多城市地区生产总值规模在 1 000 亿 ~ 2 500 亿元，城市群经济发展呈现哑铃式结构，成都、重庆两座超大城市“虹吸”效应明显，使得城市群中的其他城市发展动力不足。

今后一段时期，加快打造我国高质量发展的重要增长极，一方面，要加快建设成渝地区和长江中游地区，打造我国经济增长的新动力源，带动中西部地区高质量发展，与京津冀、粤港澳、长三角三大动力源共同形成支撑全国创新发展、经济增长的重要引擎。另一方面，要进一步推进其他城市群建设，打造成为引领区域增长的动力源，形成全国高质量发展的多极支撑局面。同时，鼓励中心城市进一步发挥龙头带动作用，创新型城市加快集聚高端资源要素，省会城市大幅提高首位度，非省会城市打造一批高端制造业腹地，进一步活跃都市圈经济。

三、以跨区域、次区域为纽带，促进各大战略和功能区衔接融合互动

党的十八大以来，以习近平同志为核心的党中央以全局视野进

行谋划推动区域协调发展，更加重视统筹各大战略和功能区之间的衔接互动。但目前不同战略之间和功能板块之间的协调联动仍然不够，限制了重大区域发展战略在更大空间尺度上释放动力。这就需要进一步发挥跨区域、次区域战略在连接各地经济、社会、规划、政策等方面的重要纽带作用，促进各大战略和功能区相互衔接和融合互动，形成高质量协同发展的区域经济布局。

长江流域和黄河流域覆盖了我国南北方绝大部分省区，在我国经济发展全局中具有举足轻重的地位。长江经济带涵盖我国 11 个省市，横贯东西、辐射南北、通江达海，既包括我国农业、工业、商业、文化教育和科学技术等方面最发达的地区，也涵盖了我国深度贫困地区，面积 205 万平方公里，2019 年底常住人口 5.9 亿人，地区生产总值 45.8 万亿元，是我国人口、经济、产业最为密集的经济轴带。黄河流域从西到东横跨青藏高原、内蒙古高原、黄土高原和黄淮海平原 4 个地貌单元，流经 9 个省区，2019 年底总人口 4.2 亿人，地区生产总值 24.7 万亿元，构成我国重要的生态屏障，是我国重要的经济地带，是打赢脱贫攻坚战的重要区域，在我国经济社会发展和生态安全方面具有十分重要的地位。推进长江经济带发展、黄河流域生态保护和高质量发展，有利于充分发挥长江、黄河横跨多个省市的纽带作用，推动长江上中下游地区、沿江地区和北方地区高质量协同发展，促进我国东中西经济交流和融合互动。

省际交界地区是区域协调发展中矛盾和问题比较突出的地区。

例如，淮海经济区横跨江苏、安徽、河南、山东4个省，连接10个地级市，但地处4个省交界，受制于地区之间的利益藩篱和政策壁垒，形成了区域发展的“洼地”。为推进省际交界地区发展，2018年11月中共中央、国务院发布的《关于建立更加有效的区域协调发展新机制的意见》明确指出，“支持晋陕豫黄河金三角、粤桂、湘赣、川渝等省际交界地区合作发展，探索建立统一规划、统一管理、合作共建、利益共享的合作新机制。加强省际交界地区城市间交流合作，建立健全跨省城市政府间联席会议制度，完善省际会商机制”。

四、促进不同等级、不同类型区域之间梯次联动和优势互补，在区域协作中提升整体发展效率

习近平总书记历来强调全局观。“不谋全局者，不足谋一域”，在重大区域发展战略谋划中，同样要牢固树立一盘棋的思想，推动不同节点之间物流、人流、资金流的顺畅流动、科学聚集，发挥各自比较优势，实现优势互补，同时加强相互间协同联动，提升整体发展效率，共同推动实现高质量发展。

要促进大中小城市功能错位和资源要素合理配置。重点城市群、都市圈、中心城市、县城、特色小镇等，都是动力系统不同层级的功能节点，让每个节点都能按照其比较优势发挥最大效能，是构建高质量发展的动力系统的内在要求。党的十九大报告明确指

出，以城市群为主体构建大中小城市和小城镇协调发展的城镇格局。因此，要强化大城市的辐射带动作用，逐步形成错位发展、分工协作的发展格局。

要促进各区域之间协调联动。通过基础设施、产业协作、社会治理等方面的合作，促进不同等级行政区之间协调联动，建立不同规模等级地区和城市的协作网络，推动形成以中心城市为引领、周边城市为配套的现代化经济发展格局。推动经济发展条件好的优势地区、生态功能强的地区、农产品主产区、边疆地区等不同类型区域协调联动，实现区域总体价值最大化。进一步发挥东部地区、中部地区、西部地区和东北地区的发展优势和特色，实现四大板块之间优势互补和协调联动。加快推动京津冀协同发展、长江经济带发展、粤港澳大湾区建设、推进海南全面深化改革开放、长江三角洲区域一体化发展、黄河流域生态保护和高质量发展等重大国家战略互动协同，促进人才、技术、资金等各类要素高效便捷流动，实现区域经济协调联动发展。

要进一步优化区域合作共享机制。推动形成高质量的区域合作共享模式，既要地方政府深入合作，也要市场主体全面对接；既要产业发展相互协调，也要生态环境联防联控；既要交通基础设施互联互通，也要市场规则相互衔接；既要人流、物流、资金流、信息流等生产要素有序自由流动，也要医疗、教育、养老等公共服务共建共享。这就要求加强投资、财政、土地等领域的政策引导，支持建设承接产业转移示范区等功能性平台，推动产业有序梯度转移。

深化城市群内部合作，推动城市间协调联动，促进区域协调发展。加快推进流域上下游合作，完善协商合作机制，建立健全毗邻省区规划对接机制，推动上下游地区协调发展。加强省级交界地区合作，完善联席会议制度，建立统一规划、统一管理、合作共建、利益共享的合作机制。

第四节

全面促进区域协同、协调发展，推动区域发展向更高水平和更高质量迈进

习近平总书记历来强调以协调发展的辩证思维处理好新时期我国区域发展问题。解决好区域协调发展问题，关乎充分发挥中国特色社会主义制度的优越性，关乎实现“两个一百年”的奋斗目标。

一、辩证理解区域协同、协调，既要发挥各地区比较优势合理分工，又要在区域发展中促进相对平衡

习近平总书记指出，新形势下，协调发展具有一些新特点。比如，协调既是发展手段又是发展目标，同时还是评价发展的标准和尺度；协调是发展两点论和重点论的统一，既要着力破解难题、补

齐短板，又要考虑巩固和厚植原有优势，两方面相辅相成、相得益彰，才能实现高水平发展；协调是发展平衡和不平衡的统一，协调发展不是搞平均主义，而是更注重发展机会公平、更注重资源配置均衡；协调是发展短板和潜力的统一，协调发展，就要找出短板，在补齐短板上多用力，通过补齐短板挖掘发展潜力、增强发展后劲。[1] 深入理解区域协同、协调发展的内涵要义，要深刻认识到区域协调发展既要各地区分工协作发挥比较优势，又要全国一盘棋在发展中促进地区之间相对平衡。

习近平总书记指出，我国经济由高速增长阶段转向高质量发展阶段，对区域协调发展提出了新的要求。[2] 要进一步发挥各地区比较优势，促进生产力布局优化，促进区域协调发展。比较优势的发挥不是孤立的，要促进不同等级、不同类型区域之间梯次联动和优势互补，形成同频共振的区域动力系统。

协调既是发展目标又是发展手段，同时还是评价发展的标准和尺度，要从比例关系、相互之间差距等方面看是否达到了协调，并通过协调互动达到协调发展。协调发展关键是注重各地区之间发展机会公平，注重资源配置均衡。促进协调要坚持“两点论”和“重点论”。“两点论”就是原有的优势不仅不能放弃，而且要进一步巩固，并适应新形势培育新优势，同时通过补齐短板挖掘潜力，增强

[1]《深入理解新发展理念》（2016 年 1 月 18 日），《求是》2019 年第 10 期。
[2]《推动形成优势互补高质量发展的区域经济布局》（2019 年 8 月 26 日），《求是》2019 年第 24 期。

发展后劲。“重点论”就是强调一个地区要有重点任务，一个时期也要有重点任务，要善于抓住主要矛盾和矛盾的主要方面，以此带动其他方面。

在做大蛋糕的基础上，要着力解决制约高质量发展的不平衡不充分问题，最终实现“基本公共服务均等化、基础设施通达程度比较均衡、人民基本生活保障水平大体相当”的区域协调发展目标。区域协调发展要瞄准短板、聚焦关键、精准发力。补齐短板，不仅能形成平衡结构，且会使发展之“桶”容量更大，从而实现更高水平的协调发展，不断迈向发展新境界；否则“木桶效应”就会愈加显现，一系列社会矛盾会不断加深。要发挥好同一区域板块内部协同发展的作用，打破市场分割，整合创新资源，释放发展新动力；促进资源要素在中心城市与周边城市、城市与乡村之间双向流动，推动区域基本公共服务均等化，提升发展的包容性；推动跨区域公共事务协同治理，实现生态环境共保联治，提升发展的可持续性。

二、加强区域互利合作和互助协作，发挥优势地区对相对落后地区的辐射带动作用

习近平总书记指出，支持革命老区、民族地区、边疆地区、贫困地区加快发展，构建连接东中西、贯通南北方的多中心、网络

化、开放式的区域开发格局，不断缩小地区发展差距。[1] 长期以来，发达地区利用区位、人才、科技、产业、资金、市场等方面的优势，率先实现经济高速增长和人民生活水平快速提高。革命老区、民族地区、边疆地区、贫困地区等特殊类型地区发展水平靠后，内生动力不足，是我国发展不平衡不充分的集中体现。“一花独放不是春，万紫千红春满园”，这些欠发达地区同样需要嵌入全国高质量发展的动力系统中来。

党的十八大以来，以习近平同志为核心的党中央着力推动贫困地区脱贫攻坚，支持革命老区开发建设，促进民族地区健康发展，推进边疆地区开发开放，老少边贫地区面貌发生前所未有的变化。2016 年 7 月，习近平总书记在宁夏考察时指出，欠发达地区可以通过东西部联动和对口支援等机制来增加科技创新力量，以创新的思维和坚定的信心探索创新驱动发展新路。[2] 2018 年 11 月中共中央、国务院发布的《关于建立更加有效的区域协调发展新机制的意见》提出，要优化区域互助机制，深入实施东西部扶贫协作，深入开展对口支援，创新开展对口协作（合作）。今后一段时期，要进一步加强不同区域间的互利合作和互助协作，充分发挥优势地区的辐射带动作用，加强与革命老区、民族地区、边疆地区等特殊类型地区的有机对接，加快基础设施互联互通，推动科技合作与协同创

[1]《深入理解新发展理念》（2016 年 1 月 18 日），《求是》2019 年第 10 期。
[2]《习近平在宁夏考察时强调 解放思想真抓实干奋力前进 确保与全国同步建成全面小康社会》，《人民日报》2016 年 7 月 21 日。

新，推进生态环境联防联控，深化公共服务共建共享，特别是通过东西部扶贫协作、金融扶贫、定点扶贫以及项目、技术、智力等灵活多样的扶贫方式，加大帮扶力度，加快补齐欠发达地区发展短板，培育欠发达地区内生动力，推动发达地区和欠发达地区协同高质量发展。

三、发挥市场机制作用促进各类要素有序自由流动和高效合理集聚，保障不同地区发展机会公平

习近平总书记历来强调要尊重市场规律、经济规律，明确指出，要破除资源流动障碍，使市场在资源配置中起决定性作用，促进各类生产要素自由流动并向优势地区集中，提高资源配置效率。[1] 市场机制是真正符合客观经济规律的协调机制，要通过市场化运作调节，解决发展中出现的一系列不平衡问题乃至各种矛盾冲突，不断优化资源配置。随着我国区域格局从个别城市的“单打独斗”进入区域协同发展的新阶段，打破区域市场壁垒、发挥市场机制的决定性作用显得更加迫切而重要。

新时期促进区域协调发展，既要注重效率，促进各类要素有序自由流动和高效合理集聚，推动优势地区加快发展；又要兼顾公

[1]《推动形成优势互补高质量发展的区域经济布局》（2019 年 8 月 26 日），《求是》2019 年第 24 期。

平，保障不同地区享有同等发展机会，共享发展成果，其中的关键在于体制机制创新。区域协同发展涉及多方利益，要从破除行政区划的“有形之墙”、思维观念的“无形之墙”作为突破口，形成协同共识、建立秩序规则、推进共建共享。

充分发挥市场在资源配置中的决定性作用，促进各类生产要素自由流动、优化配置，切实提高区域发展效率。要素资源在区域间自由顺畅流动是实现市场经济最优化的必要条件。要进一步完善市场经济体制，清理和废除妨碍全国统一市场和公平竞争的不合理规定和做法，通过促进各类要素在区域间自由流动和合理配置，推动不同空间子系统之间形成整体组合效应，凝聚成强大合力。首先，各类要素要自由顺畅流动。区域行业企业间市场垄断阻隔和地区之间行政壁垒逐渐被消除，要素交易制度进一步健全，区域和全国统一大市场建立，不同区域和城市之间实现要素自由流动和有效配置。其次，劳动力、土地、能源资源等传统要素能够实现就地价值转化。逐步改变过去劳动力长距离配置、能源资源跨区域流动的局面，推动能源资源和劳动力就地实现价值转化，降低区域之间要素配置成本，提高配置效率。再次，资本、知识、技术、管理、数据等新生产要素的流动性要持续增强。发达地区在新生产要素方面具有先天的集聚优势，并在创新发展过程中还将进一步集聚，要推动这些要素从发达地区逐步溢出渗透到欠发达地区，从而带动欠发达地区加速新旧动能转换，增强内生发展动力。

充分发挥政府在促进区域协调发展方面的引导作用，通过制定跨区域次区域规划、制定实施区域政策、协调推进区域合作、促进基本公共服务水平均等化等方式，努力缩小区域发展差距，保障不同地区发展机会均等。我国是世界上最大的发展中国家，区域协调发展的根本目的是使不同地区人民都能共享发展成果、实现共同富裕。要坚持全国一盘棋的发展思路，打破“一亩三分地”的思维定式，加强顶层设计，打破地区分割和利益藩篱，确保不同地区特别是欠发达地区能够获得均等化的发展机会。由于我国区域差异大，不同地区应因地制宜，走差异化的高质量发展路子。发达地区和中心城市是经济增长的动力源，具备良好的产业配套、资源要素集聚能力，需要进一步提升改革创新能力，培育新经济增长点，加快构建现代产业体系。欠发达地区底子薄、欠账多，经济社会发展缺乏有力支撑，需要加快补齐基础设施、生态环境、民生事业发展等短板，培育符合自身比较优势的产业，积极融入全国乃至全球产业分工体系。重点生态功能区要不断增强提供优质生态产品的能力，农产品主产区不断增强保障粮食安全的能力，边疆地区不断增强发展能力，构建起保障国家经济安全、生态安全、农业安全、边疆安全的区域经济布局。

第五节

坚持以人民为中心，明确新时代区域协调发展的三大目标

以习近平同志为核心的党中央坚持以人民为中心的发展思想，明确提出我国新时代区域协调发展的三大目标：实现基本公共服务均等化，基础设施通达程度比较均衡，人民基本生活保障水平大体相当。这既是区域协调发展的目标，也是推动区域协调发展战略的重要抓手。2015 年 10 月，习近平总书记在中共十八届五中全会第二次全体会议上指出，我们说的缩小城乡区域发展差距，不能仅仅看作是缩小国内生产总值总量和增长速度的差距，而应该是缩小居民收入水平、基础设施通达水平、基本公共服务均等化水平、人民

生活水平等方面的差距。[1] 新时期推动区域协调发展，就要以目标导向为引领，着力破解难点和短板问题，保障不同地区的人民共同发展、共同富裕、共享发展成果，这对于实现区域协调发展中的相对平衡、促进全国范围内的高质量发展、实现中华民族伟大复兴的中国梦具有重大意义。

一、逐步缩小城乡区域间基本公共服务差距，保障全体公民公平获得大致均等的基本公共服务

习近平总书记高度重视基本公共服务均等化，多次作出关于推进城乡区域基本公共服务均等化的重要指示，为逐步缩小城乡区域间基本公共服务差距，保障全体公民公平获得大致均等的基本公共服务提供了重要指引。2019 年 4 月，习近平总书记在重庆考察时强调，要从最困难的群体入手，从最突出的问题着眼，从最具体的工作抓起，通堵点、疏痛点、消盲点，全面解决好同老百姓生活息息相关的教育、就业、社保、医疗、住房、环保、社会治安等问题，集中全力做好普惠性、基础性、兜底性民生建设。[2] 2018 年 10

[1]《习近平在党的十八届五中全会第二次全体会议上的讲话（节选）》（2015 年 10 月 29 日），《求是》2016 年第 1 期。

[2]《习近平在重庆考察并主持召开解决“两不愁三保障”突出问题座谈会时强调 统一思想一鼓作气顽强作战越战越勇 着力解决“两不愁三保障”突出问题》，《人民日报》2019 年 4 月 18 日。

月，习近平总书记在广东考察时明确指出，要切实保障和改善民生，把就业、教育、医疗、社保、住房、家政服务等问题一个一个解决好、一件一件办好。[1]

避免两极分化，逐步实现全体人民的共同富裕，这是社会主义的本质要求，是社会主义制度有别于资本主义制度的显著不同之处，是社会主义制度优越性的重要体现。苏联生产力主要集中在其领土的欧洲部分，各加盟共和国之间发展水平差距过大，内部的发展不均衡导致了国家向心力的削弱，这是导致苏联解体的一个重要原因。同样，近年来欧盟内部的西欧和中东欧成员国之间发展差距进一步拉大，导致部分国家民粹主义浪潮兴起，客观上制约了欧洲一体化进程，加剧了欧洲社会动荡和经济衰退。这些教训，值得我们深思。推进基本公共服务均等化，缩小城乡区域间基本公共服务差距，能够极大地促进社会公平正义，对于增强全体人民获得感、幸福感、安全感，巩固党的执政基础，彰显社会主义制度优越性具有重要意义。

基本公共服务包括基础教育、基本医疗、基本养老、基本住房、基本公共卫生、基本就业、城乡居民最低生活保障等方面，是广大人民群众的“开门七件事”，与日常生活息息相关、密不可分。基本公共服务主要由政府提供，基本公共服务均等化就是要让

[1]《习近平在广东考察时强调 高举新时代改革开放旗帜 把改革开放不断推向深入》，《人民日报》2018 年 10 月 26 日。

全体公民都能公平地获得大致均等的基本公共服务。长期以来，我国基本公共服务短板问题突出，与经济快速发展的不平衡性愈发凸显，具体表现为“经济腿长”“社会腿短”。以长江经济带为例，沿线各省市之间教育、医疗、养老等公共服务供给水平差异较大，各类资源分布明显不均，上海、江苏、浙江人均资源拥有量明显高于其他省市。基本公共服务短板是人民日益增长的美好生活需要和不平衡不充分的发展之间矛盾的突出表现。

党的十八大以来，促进基本公共服务均等化的一条主线就是着力从解决人民群众最关心、最直接、最现实的利益问题入手，不断加大基本公共服务投入力度，向贫困地区、薄弱环节、重点人群倾斜，推动城乡区域人群均等享有和协调发展。例如，在基本医疗服务方面，推动医疗卫生工作重心下移、医疗卫生资源下沉，推动城乡基本公共服务均等化，为群众提供安全有效、方便价廉的公共卫生和基本医疗服务，真正解决好基层群众看病难、看病贵问题。保障基本公共服务均等化，要坚持立足我国基本国情，切实保障和改善民生，重点是保障各地区人民群众得到基本公共服务的机会，并非简单的平均化，吃大锅饭，人为降低经济发达地区公共服务水平，过度提高欠发达地区公共服务标准。总而言之，就是坚持尽力而为、量力而行，这是做好社会民生工作的出发点和落脚点。

二、加快完善基础设施网络，推动基础设施均衡发展

习近平总书记始终强调要加快完善基础设施网络，通过推动基础设施均衡发展落实区域协调发展、保障不同地区发展机会。2013 年 11 月，习近平总书记在湖南省吉首市考察时就指出，贫困地区要脱贫致富，改善交通等基础设施条件很重要，这方面要加大力度，继续支持。[1] 在指导京津冀协同发展、长江经济带发展、黄河流域生态保护与高质量发展等重大区域发展战略落地过程中，习近平总书记始终强调突出基础设施网络建设的重要性和先导性。

基础设施完善程度关系到人员、货物、资本、信息等要素资源的流通效率和集聚方向，基础设施建设对于区域经济发展具有明显的“乘数效应”，在拉动内需、促进民生、支撑产业发展等方面具有显著效果。我国地域辽阔，拥有现代化的基础设施，是近代以来中华民族改变屈辱命运的梦想。早在 100 多年前，孙中山先生就提出了建设 10 万英里（1 英里≈1.609 千米）铁路的“建国方略”，由于军阀混战，列强环伺，国家始终贫弱不堪，这一构想始终没有实现。作为区域协调发展的一个重要目标，推动基

[1]《习近平在湖南考察时强调 深化改革开放推进创新驱动 实现全年经济社会发展目标》，《人民日报》2013 年 11 月 6 日。

础设施均衡发展成为区域发展战略的重要内容。新中国成立以来，我国开展大规模基础设施建设，横贯我国东西、纵贯神州南北的一系列交通大动脉相继建成，我国区域间互联互通达到前所未有的水平，为从整体上形成全国一盘棋的政治经济格局创造了条件。

但从区域看，西部地区、沿边地区、革命老区等基础设施仍然薄弱，与东部沿海地区差距较大，是经济社会发展的主要制约因素。一些干线铁路建设于改革开放之前，尽管实施了电气化改造，但运输能力仍未得到有效发挥，存在较多瓶颈和制约。高速铁路通达程度不高，西部地区还有不少中等以上的城市没有通达高铁。当然，部分原因在于一些地区地广人稀、经济相对滞后，基础设施建设的经济性打了折扣。从区域协调发展的角度看，基础设施的差距如果不加以重视，区域之间的发展鸿沟会越来越宽，这一问题早解决比晚解决好，付出的经济代价也要少得多。基础设施的现代化，要适度超前于经济社会发展的现代化，没有便捷的交通，就不可能实现经济高质量发展，改善人民群众生活。

“十四五”期间，必须在科学规划的基础上，加快建设西部地区内外大通道和区域性枢纽，加快补上西部地区高速铁路、货运铁路、公路、机场、电力、信息通信等基础设施建设的短板。交通是重点，不仅要通过高速铁路、普速铁路、高等级公路和城际轨道交通，快速便捷地连通大城市和中小城市、县城，构建绿色、高效、畅通的基础设施网络，还要注重由市区到县城、由县城到乡镇、由乡镇到人口较多的行政村等道路建设。在交通基础设施建设的过程中，要特别注重工程质量，提高建设标准，留好必要的接口。加强能源基础设施建设，完善以清洁能源为主的电力外送大通道，提高电网智能化水平，加快西气东输、北煤南运等大通道建设。推动农村电网建设，因地制宜发展分布式电源，鼓励有条件的农村地区发展生物质能源。对高原、边疆、山区的无电区，要结合通信网络建设，实现电力和信息通信的双连通，让这些地区的群众也能够享受现代基础设施带来的福祉。

三、践行以人民为中心的发展思想，实现地区间人民基本生活保障水平大体相当

“不忘初心、牢记使命”，我们党是全心全意为人民服务的党，党的一切工作就是要为老百姓排忧解难谋幸福。[1] 习近平总书记始终把注重民生、保障民生、改善民生挂在心头，强调让改革发展成果更多更公平惠及广大人民群众，使人民群众在共建共享发展中有更多获得感。2018 年 10 月，习近平总书记在广东考察时对村民深情地说，我一直惦记着贫困地区的乡亲们，乡亲们一天不脱贫，我就一天放不下心来。[1] 无论是推动区域协调发展，还是立足

[1]《习近平在广东考察时强调 高举新时代改革开放旗帜 把改革开放不断推向深入》，《人民日报》2018 年 10 月 26 日。

于实现地区间的相对平衡来着力解决不平衡问题，最终要体现在满足人民日益增长的美好生活需要上。区域协调发展的根本目的是使不同地区的人民都能实现共同发展，进而实现全体人民的共同富裕。

不同地区间人民基本生活保障水平大体相当，就是要把增进民生福祉作为发展的根本目的，补齐民生领域短板就是让更多的人民群众共享改革开放的成果。由于收入和消费结构的差异，我国城乡、区域居民之间的生活水平依然存在较为明显的差距，城乡二元经济和过大的区域发展差距也因此成为突出问题。从城乡看，2019 年全国居民恩格尔系数为 28.2%，其中城镇为 27.6%，农村为 30.0%。从结构看，根据国家统计局住户抽样调查数据，2019 年收入最低的 20% 家庭的年人均可支配收入为 7 380 元，月人均可支配收入为 615 元；而收入最高的 20% 家庭的年人均可支配收入 76 401 元，月人均可支配收入为 6 367 元。从区域看，仅以黄河流域为例，黄河入海口的山东省东营市人均生产总值是黄河源头青海省玉树州的 10 倍。

“十四五”时期，要从全国经济高质量发展的全局出发，合理优化生产力和人口布局，用结构性调整的办法，让欠发达地区的人民群众有更多的机会创造物质财富，提高生活水平。对革命老区、民族地区、边疆地区、贫困地区等特殊类型地区，加快建立健全长效普惠性的扶持机制和精准有效的差别化支持机制，有效补齐基础设施、公共服务、生态环境等短板，确保这些地区的人民群众在全国高质量发展的进程中不掉队，能够更好地分享我国现代化建设成果。面向未来，要采取针对性更强、覆盖面更大、作用更直接、效果更明显的举措，集中力量做好普惠性、基础性、兜底性民生建设，不断提高公共服务共建能力和共享水平，织密扎牢托底的民生保障网，确保全国各地人民群众安居乐业、社会秩序安定有序。[1]

[1]《习近平春节前夕赴江西看望慰问广大干部群众 祝全国各族人民健康快乐吉祥 祝改革发展人民生活蒸蒸日上》，《人民日报》2016 年 2 月 4 日。

第六节

着眼中华民族永续发展，坚持生态优先、绿色发展的区域发展道路

全球环境治理进入新阶段，全球经济正面临着绿色转型的战略机遇期，我国的绿色发展转型也正进入快车道。党的十八大以来，以习近平同志为核心的党中央将生态文明建设纳入中国特色社会主义“五位一体”总体布局，提出“美丽中国”奋斗目标，将“生态文明建设”作为关系中华民族永续发展的千年大计，这是重大的理论创新。习近平总书记反复强调生态优先、绿色发展，将长江经济带、黄河流域生态保护和高质量发展上升为重大国家战略，对青藏高原、祁连山、秦岭等保护工作多次作出重要批示指示，为生态文明建设和绿色可持续发展指明了方向。

一、牢固树立和自觉践行绿水青山就是金山银山的理念，坚定走绿色发展之路

绿水青山就是金山银山是习近平总书记关于处理生态保护与经济发展关系的深刻洞察和根本指引，生动诠释了经济发展与环境保护之间的辩证统一关系。2013 年 9 月，习近平主席在哈萨克斯坦纳扎尔巴耶夫大学演讲时指出，中国明确把生态环境保护摆在更加突出的位置；我们既要绿水青山，也要金山银山；宁要绿水青山，不要金山银山，而且绿水青山就是金山银山。这些重要论述向世界传递了中国高度重视生态环境保护，秉持了绿水青山就是金山银山的理念。正确处理好生态环境保护和发展的关系，也就是绿水青山和金山银山的关系，是实现可持续发展的内在要求，也是我们推进现代化建设的重大原则。

习近平总书记曾生动地比喻，要把生态环境保护放在更加突出位置，像保护眼睛一样保护生态环境，像对待生命一样对待生态环境。[1] 践行绿水青山就是金山银山的理念，始终要把生态环境保护摆在最突出、最重要的位置，不能再走经济发展、生态让路，先污染后治理的老路、绝路。坚持山水林田湖草是一个生命共同体的

[1]《习近平在云南考察工作时强调 坚决打好扶贫开发攻坚战 加快民族地区经济社会发展》，《人民日报》2015 年 1 月 22 日。

理念，坚持生态优先、绿色发展，锲而不舍、久久为功，就一定能够把一些地区生态环境破坏、退化的趋势扭转过来。要以全局视野、历史眼光认识生态环境保护。实践充分证明，不注重生态环境保护的发展是不可持续的发展，也必然会使资源约束趋紧、环境污染严重、生态系统退化等生态环境方面的欠账越积越多。

习近平总书记到各地考察调研的足迹被形象地称为“生态文明足迹”：良好生态环境是东北地区经济社会发展的宝贵资源，也是振兴东北的一个优势；[1] 山西要从转变经济发展方式、环境污染综合治理、自然生态保护修复、资源节约集约利用、完善生态文明制度体系等方面采取超常举措，全方位、全地域、全过程开展生态环境保护；[2] 绿水青山就是金山银山更为生态优势地区，特别是承担生态功能的欠发达地区发挥比较优势指明了道路。这些地区要树立绿色财富观，积极挖掘生态产品潜力，多途径促进生态产品价值转化。习近平总书记指出，绿水青山既是自然财富，又是经济财富；[3] 要坚持在发展中保护、在保护中发展，实现经济社会发展

[1]《习近平在东北三省考察并主持召开深入推进东北振兴座谈会时强调 解放思想锐意进取深化改革破解矛盾 以新气象新担当新作为推进东北振兴》，《人民日报》2018 年 9 月 29 日。

[2]《习近平在山西考察工作时强调 扎扎实实做好改革发展稳定各项工作 为党的十九大胜利召开营造良好环境》，《人民日报》2017 年 6 月 24 日。

[3]《习近平在陕西考察时强调 扎实做好“六稳”工作落实“六保”任务 奋力谱写陕西新时代追赶超越新篇章》，《人民日报》2020 年 4 月 24 日。

与人口、资源、环境相协调[1]。践行绿水青山就是金山银山的理念，要革命性地转变经济发展方式，用非常手段倒逼各地区痛定思痛，结合实际闯出一条绿色发展的新路子。绿色发展理念已成为区域经济高质量发展的重要遵循，不仅是提升区域发展质量的重要抓手，也是评价区域经济高质量发展的核心指标之一。

二、全面加强生态保护和修复工作，保障国家生态安全

习近平总书记指出，保护生态环境就是保护生产力，改善生态环境就是发展生产力[2]；生态功能强的地区要得到有效保护，创造更多生态产品[3]，牢固树立保护是第一位的理念。坚持生态保护优先，要从根本上提高优质生态产品的生产能力，实现生态产品的经济和社会价值。只有坚持保护优先，通过对生态保护和经济社会发展的统筹兼顾，对重要生态系统实施科学治理，改革创新生态环境保护的体制机制，才能更好地推动自然生态系统基本实现良性循环，满足人民群众对优质生态产品供给能力的需求，绘制人与自然和谐共生的美丽画卷。

[1]《在深入推动长江经济带发展座谈会上的讲话》（2018 年 4 月 26 日），《求是》2019 年第 17 期。

[2]《习近平在中共中央政治局第六次集体学习时强调 坚持节约资源和保护环境基本国策 努力走向社会主义生态文明新时代》，《人民日报》2013 年 5 月 25 日。

[3]《推动形成优势互补高质量发展的区域经济布局》（2019 年 8 月 26 日），《求是》2019 年第 24 期。

环境容量有限、生态系统脆弱是我国的基本国情。我国地域辽阔，平原、水网、丘陵、喀斯特和丹霞、草原、沙漠和雪域高原各种地貌交织，水资源分布严重不均。其中，中度以上生态脆弱区域占全国国土面积的55%，沙化土地面积达174万平方公里，石漠化面积达13万平方公里。2018年5月，习近平总书记在全国生态环境保护大会上指出，“胡焕庸线”东南方43%的国土，居住着全国94%左右的人口，以平原、水网、低山丘陵和喀斯特地貌为主，生态环境压力巨大；该线西北方57%的国土，供养大约全国6%的人口，以草原、戈壁沙漠、绿洲和雪域高原为主，生态系统非常脆弱。

生态安全的实现是一个动态过程，需要通过不断改善自然生态系统脆弱性来持续筑牢国家生态安全屏障。改善国家重点生态功能区、生态保护红线、国家级自然保护地等地区的脆弱性，要求坚持自然恢复为主、人工修复为辅的方针。一方面，要尊重自然生态系统的自我修复规律，不人为乱干预，对重要的生态资源和生态极度脆弱地区，做到全面封禁保护，让大自然喘口气、歇一歇，逐步恢复元气。另一方面，要通过科学的手段，有针对性地实施一批重大生态保护和修复工程，助力生态功能区全面系统恢复。

三、系统保护修复长江、黄河等大江大河和海岸带，坚决守住生态环境生命线

习近平总书记亲自为长江、黄河问诊：“长江病了，而且病得

还不轻”[1]，长江生物完整性指数已经到了最差的“无鱼”等级；黄河水资源总量不到长江的 7%，水资源开发利用率高达 80%，远超一般流域 40% 生态警戒线。[2] 面积大于 100 平方公里的 44 个海湾中，13 个海湾春夏秋三期监测均出现劣Ⅳ类水质。系统保护修复长江、黄河等大江大河，推动沿江流域转变经济发展方式已经刻不容缓。

水是生命之源、生产之要、生态之基，大江大河和海岸带是构成我国生态安全格局的关键骨架，对经济社会的可持续发展发挥着重要作用。我国的大江大河中，长江、黄河地位极其特殊，是中华民族的母亲河，保护长江、黄河是事关中华民族永续发展的千年大计。

在以习近平同志为核心的党中央坚强领导下，母亲河的保护和治理力度前所未有，开创了有中国特色的大江大河治理新局面。党的十八大以来，我国主要流域水质情况已得到明显改善，长江、黄河、珠江、松花江、淮河、海河、辽河、浙闽片河流、西北诸河和西南诸河等十大流域的国控断面中，Ⅰ类～Ⅲ类、Ⅳ类～Ⅴ类和劣Ⅴ类水质断面比例分别从 2012 年的 68.9%、20.9% 和 10.2% 改善为 2019 年的 79.1%、17.9% 和 3%。截至 2019 年底，长江经济

[1]《在深入推动长江经济带发展座谈会上的讲话》（2018 年 4 月 26 日），《求是》2019 年第 17 期。

[2]《在黄河流域生态保护和高质量发展座谈会上的讲话》（2019 年 9 月 18 日），《求是》2019 年第 20 期。

带沿江 11 个省市累计“搬改关转”化工企业 963 家，搬出和转移禁养区内的水产养殖规模达 178.9 万亩，已有 579 座尾矿库完成闭库。但同时，也必须清醒地认识到，我国大江大河流域和海洋生态环境形势依然严峻，各类污染物排放量仍然较大，水资源开发利用不合理，岸线资源过度开发，水生生物资源衰退的趋势仍未得到根本性扭转。

面向未来，推进流域生态环境保护，建设流域生态文明，必须把握好流域治理与经济发展的协调统一关系，统筹流域生产生活生态，构建开发与资源环境承载能力相匹配的空间格局，以良好生态、绿色生活引领经济绿色循环低碳发展。在长江、黄河等大江大河和海岸带生态保护修复上要从整体出发，按照习近平总书记“山水林田湖草生命共同体”的理念，树立“一盘棋”思想，统筹上下游、左右岸、干支流，协调水岸关系，推进系统保护、整体管控、综合治理。

第七节

处理好局部和全局、当前和长远、重点和非重点的关系，提高区域政策有效性

习近平总书记指出，要学会运用辩证法指导处理新时期我国的重大发展问题，要“处理好局部和全局、当前和长远、重点和非重点的关系，在权衡利弊中趋利避害、作出最为有利的战略抉择”[1]。在构建符合我国国情的区域政策实施路径中，以习近平同志为核心的党中央高度重视统筹谋划、精准施策，提高区域政策的有效性。既精准抓取当前重大战略中的关键突破口加以重点推进，又注意以全局的眼光着力解决制约我国区域高质量发展的共性问题；既着力解决当前的主要问题和突出矛盾，又立足于世界百年未有之大变局

[1]《深入理解新发展理念》（2016 年 1 月 18 日），《求是》2019 年第 10 期。

的趋势判断，抓住本质与规律，提前谋划重大战略性问题。

一、抓住雄安、浦东、深圳等关键性地区，解决区域发展的代表性问题

在当前我国区域战略布局中，建设好和发展好雄安、浦东、深圳等关键性地区是事关京津冀协同发展、长江三角洲区域一体化发展、粤港澳大湾区建设等重大区域战略落地的重点，是破解重大战略推进过程中难点的突破口。习近平总书记对关键性地区高度重视、高度关注，多次亲自把脉、亲自谋划、亲自指导、亲自推动一系列重点工作。

谱写雄安新区新蓝图，抓住疏解北京非首都功能这个“牛鼻子”问题。规划建设雄安新区，是以习近平同志为核心的党中央对深化京津冀协同发展作出的一项重大决策部署，是千年大计、国家大事。2017 年 2 月 23 日，习近平总书记首次到雄安新区考察，并在安新县召开新区规划建设工作座谈会。同年 4 月 1 日，中共中央、国务院印发通知，决定设立河北雄安新区。习近平总书记数次赴雄安调研，数次讲话高屋建瓴、纲举目张，为建设未来之城、绿色之城、创新之城明确方向、绘就蓝图。

推动浦东进一步开发开放，为上海打造全球城市发挥排头兵作用。早在 2010 年 9 月，习近平同志调研上海浦东时就强调，浦东开发开放的意义在于发挥浦东的窗口作用和示范意义，浦东 20 多年

开发开放的特点在于发扬敢闯敢试、先行先试的精神，在于发挥排头兵、试验田的作用。进入新时代，以习近平同志为核心的党中央赋予上海一系列新的重大使命和任务，要求上海发挥开路先锋、示范引领、突破攻坚的作用。习近平总书记要求上海要强化“四大功能”[1]，建设“五大中心”[2]，集聚和调动全球资源要素，辐射和赋能更大区域发展。

支持深圳建设中国特色社会主义先行示范区，探索全面建设社会主义现代化强国的城市道路。习近平总书记要求深圳朝着建设中国特色社会主义先行示范区的方向前行，努力创建社会主义现代化强国的城市范例。2019 年 8 月，《中共中央 国务院关于支持深圳建设中国特色社会主义先行示范区的意见》正式发布。谋篇建设中国特色社会主义先行示范区，体现了习近平总书记对过去 40 年改革开放和社会主义现代化建设重要经验的深刻把握。

二、抓住重大区域发展战略谋篇布局，解决区域发展的共性问题

党的十八大以来，以习近平同志为核心的党中央明确了京津冀协同发展、长江经济带发展、粤港澳大湾区建设、推进海南全面深

[1]“四大功能”：全球资源配置功能、科技创新策源功能、高端产业引领功能、开放枢纽门户功能。

[2]“五大中心”：国际经济、金融、贸易、航运、科技创新中心。

化改革开放、长江三角洲区域一体化发展、黄河流域生态保护与高质量发展等一系列重大区域发展战略，这些重大区域发展战略涉及的区域不同、战略定位不同、工作重点不同，但不同中又贯穿着诸多共同的重大命题，体现了以习近平同志为核心的党中央对当前我国诸多重大问题的判断，努力通过重大区域发展战略的落实，解决我国区域发展的共性问题。

回答如何进一步深化改革开放。进入新时代，国际国内形势发生广泛而深刻的变化，高举改革开放的大旗始终是习近平总书记在谋划区域战略中贯穿的主线。2018 年 4 月，在庆祝海南建省办经济特区 30 周年大会上，习近平总书记亲自宣布党中央决定支持海南全岛建设自由贸易试验区，支持海南逐步探索、稳步推进中国特色自由贸易港建设；2018 年 10 月，习近平总书记在广东考察时指出，要把粤港澳大湾区建设作为广东改革开放的大机遇、大文章；并进一步强调，越是环境复杂，我们越是要以更坚定的信心、更有力的措施把改革开放不断推向深入。[1]

回答如何实施创新驱动战略。在日趋激烈的全球综合国力竞争中，习近平总书记高度重视、一再强调创新驱动的重要性，提出实施创新驱动发展战略。在重大区域发展战略布局过程中，支持深圳强化产学研深度融合的创新优势，以深圳为主阵地建设综合性国

[1]《习近平在广东考察时强调 高举新时代改革开放旗帜 把改革开放不断推向深入》,《人民日报》2018 年 10 月 26 日。

家科学中心，在粤港澳大湾区国际科技创新中心建设中发挥关键作用；支持海南布局建设一批重大科研基础设施与条件平台，打造空间科技创新战略高地；长三角地区要坚持创新共建，构建区域创新共同体。

回答如何满足人民群众对美好生活的向往。“坚持以人民为中心”是习近平总书记治国理政的重要遵循，习近平总书记时刻将满足人民对美好生活的向往作为奋斗目标，也构成了当前区域发展战略实施的根本遵循和根本目标。“在扶贫的路上，不能落下一个贫困家庭，丢下一个贫困群众”[1]“要坚持以人民为中心的发展思想，扎实做好保障和改善民生工作，实实在在帮助群众解决实际困难，兜住民生底线”[2]“增加优质公共服务供给，扩大配置范围，不断保障和改善民生，使改革发展成果更加普惠便利，让长三角居民在一体化发展中有更多获得感、幸福感、安全感，促进人的全面发展和人民共同富裕”[3]。

[1]《习近平春节前夕赴江西看望慰问广大干部群众 祝全国各族人民健康快乐吉祥 祝改革发展人民生活蒸蒸日上》，《人民日报》2016 年 2 月 4 日。

[2]《习近平在山西考察时强调 全面建成小康社会 乘势而上书写新时代中国特色社会主义新篇章》，《人民日报》2020 年 5 月 13 日。

[3]《中共中央国务院印发〈长江三角洲区域一体化发展规划纲要〉》，《人民日报》2019 年 12 月 2 日。

三、抓住大变局下的发展规律，解决区域发展的前瞻性问题

习近平总书记指出，我们看世界，不能被乱花迷眼，也不能被浮云遮眼，而要端起历史规律的望远镜去细心观望。[1]“善弈者谋势，善谋者致远”，区域发展战略和政策的制定离不开对我国当前及今后相当长的时间内外发展环境与条件的判断，敏锐抓住其中规律，提前谋划布局前瞻性问题。

习近平总书记着眼国际秩序的深刻重塑，多次指出世界面临“百年未有之大变局”，并且强调纵观人类历史，世界发展从来都是各种矛盾相互交织、相互作用的综合结果。总体来看，我国发展仍然处于可以大有作为的重要战略机遇期。但同时也面临世界经济深度衰退，国际经贸摩擦加剧，国内经济下行压力加大，新冠肺炎疫情给我国经济运行带来了较大压力等诸多困难挑战。

习近平总书记指出，要坚持用全面、辩证、长远的眼光分析当前经济形势，努力在危机中育新机、于变局中开新局。[2]全球经济深度调整、新科技革命和产业变革、新场景层出不穷、生产要素的柔性效应不断增强、一批重大战略平台功能不断凸显等趋势性因

[1]《中央外事工作会议在京举行》，《人民日报》2014 年 11 月 30 日。

[2]《习近平在看望参加政协会议的经济界委员时强调 坚持用全面辩证长远眼光分析经济形势 努力在危机中育新机于变局中开新局》，《人民日报》2020 年 5 月 24 日。

素综合作用，正在加速影响处于城镇化工业化后半场的我国区域经济格局。短时期内我国经济增长虽然受疫情的影响很大，但不会导致我国区域经济格局出现根本性的变化。我们要“按照客观经济规律，调整完善区域政策体系”，与时俱进，把自己的事情办好。抓紧研究，努力做到发挥不同区域的比较优势，完善空间治理，推动区域间协调协同发展。

第八节

创新完善实施区域发展战略方式方法，确保战略扎实高效落实

实施区域发展战略是一个系统工程，需要创新完善方式方法，鼓励大胆试点探索，适时全面推开，推动重大战略行稳致远。凝聚行动共识、增强行动效力，避免区域发展战略执行过程中出现“碎片化”和方向偏离，需要顶层设计与专题部署相结合，推动多领域制度改革联动，破除制度性障碍。确保实施进程中不走样、不变样，需要完善立法保障，增强重大战略的约束性和权威性。

一、顶层设计与专题部署相结合，构建“1+N+X”区域规划政策体系

在习近平总书记的亲自部署下，当前重大区域发展战略实施已经基本形成“1+N+X”区域规划政策体系。“1”就是一个统领战略实施的规划纲要，“N”就是N个重点领域专项规划，X就是多个配套方案和政策。这样就将顶层设计与专题部署紧密结合起来，形成有统有分、上下结合的政策体系。

宏大目标转化为现实行动需要顶层设计来统一思想。认真做好不同重大区域发展战略的顶层设计，才能把一系列国家战略转化为指导行动的“统一思想”，避免战略执行过程中出现“碎片化”和方向偏离。重大区域发展战略的顶层设计就是着眼于从全局的视角统筹考虑为实现预期目标的正确战略和路径，为有效推动资源的集中和政策的有效执行提供事先安排。近年来，中共中央、国务院出台了《京津冀协同发展规划纲要》《长江经济带发展规划纲要》《粤港澳大湾区发展规划纲要》《长江三角洲区域一体化发展规划纲要》《关于支持海南全面深化改革开放的指导意见》等重要区域发展战略的总体规划，有力统领重大区域发展战略整体有序实施。

“顶层设计”落地执行需要配套政策支持。区域发展战略中，涉及的行政主体更加多元、发展程度差异较大、利益诉求不同、实施战略的现实条件并不一致，更精细化的政策安排显得十分重要。

例如，2019 年中共中央、国务院印发的《长江三角洲区域一体化发展规划纲要》中明确提出“推进规划实施”的重要举措之一就是“建立 1+N 规划政策体系”。具体而言，就是依据《长江三角洲区域一体化发展规划纲要》这一顶层设计，抓紧组织编制基础设施互联互通、科创产业协同发展、城乡区域融合发展、生态环境共同保护、公共服务便利共享等专项规划，组织制定实施长三角生态绿色一体化发展示范区总体方案、中国（上海）自由贸易试验区新片区建设方案，研究出台创新、产业、人才、投资、金融等配套政策和综合改革措施。[1]

二、推动多领域制度改革联动，破除制度性障碍

2019 年 12 月，习近平总书记在《求是》杂志发表的重要文章《推动形成优势互补高质量发展的区域经济布局》指出，要从多方面健全区域协调发展新机制，抓紧实施有关政策措施。包括“形成全国统一开放、竞争有序的商品和要素市场”“尽快实现养老保险全国统筹”“改革土地管理制度”“完善能源消费双控制度”“全面建立生态补偿制度”“完善财政转移支付制度”[2]，这些涉及市场监管体制、户籍

[1]《中共中央国务院印发〈长江三角洲区域一体化发展规划纲要〉》，《人民日报》2019 年 12 月 2 日。
[2]《推动形成优势互补高质量发展的区域经济布局》（2019 年 8 月 26 日），《求是》2019 年第 24 期。

制度、人才管理制度、社会保障制度、能源管理体制、生态补偿制度、财税体制等多个重点领域的改革。

区域发展战略具有跨地区、跨部门、跨领域的特征，推动重大战略落地是一项系统性工程。一系列重大战略实施更加强调破除行政壁垒，推动城市群、都市圈内部经济、社会、制度的全面对接，实现高质量的一体化发展、协同发展；更加强调降低成本、提高效率、促进创新，推动区域高质量发展。这就更加迫切地需要多领域、多部门联动合作，多项制度改革联动推进，才能打破制度性壁垒，破解区域战略实施中的堵点、难点问题，保障区域发展战略落地。

三、完善立法保障，增强重大战略的约束性和权威性

党的十八大以来，以习近平同志为核心的党中央把全面依法治国纳入“四个全面”战略布局。全面依法治国“是一场新时代国家治理的深刻革命”，习近平总书记强调，凡属重大改革都要于法有据。[1]重大区域发展战略关乎长远、关乎全局。要加强重大区域发展战略的法律保障，强化重大战略的约束性和权威性，构建区域战略实施的长效机制，确保重大战略实施不走样、不变形。

---

[1]《习近平主持召开中央全面深化改革领导小组第二次会议强调 把抓落实作为推进改革工作的重点 真抓实干蹄疾步稳务求实效》，《人民日报》2014 年 3 月 1 日。

"国无法不治、民无法不立"。促进区域发展要取得实质性进展，区域发展的成效要得以巩固强化，从根本上说都需要构建长效机制。随着一系列重大区域发展战略由提出到规划落地，再到稳步推进，愈发需要更加健全完善的区域法律法规体系"保驾护航"。近年来，有关部门立足于促进区域发展，从不同层面对构建长效机制做了一些探索，包括规划编制计划审核程序、重大战略与政策的落实机制、区际利益关系平衡协调机制、促进区域发展立法基础工作等，成效初现。

从长远看，区域战略实施于法有据的长效机制建设仍比较薄弱，迫切需要以法律的形式，将一些事关全局和长远的重大问题和关键制度加以体现和规范。例如，空间规划体系包括主体功能区规划、国土空间规划、区域规划、市域规划和县域规划、城市规划与村镇规划。2019 年，全国人大常委会修订了《中华人民共和国土地管理法》和《中华人民共和国城乡规划法》，正在抓紧编制国土空间规划法等。从工作层面看，以法律法规的形式规范区域战略重大决策的目标原则、战略重点、责任分工和体制机制等关键事项，设计更加有效的中央和地方事权财权关系，建立区域协调发展的评价和考核制度等，都是面向未来推动我国区域战略实施的应有之义。

四、先行试点与全面推进相结合，推动重大区域发展战略落地

习近平总书记指出，坚持试点先行和全面推进相促进，既鼓励大胆试、大胆闯，又坚持实事求是、善作善成。[1] 在推动重大区域发展战略落地的过程中，同样要遵循先行试点与全面推进相结合的路径，才能保障重大战略行稳致远。

新时期重大区域发展战略是以习近平同志为核心的党中央在新时代背景下，立足当前、着眼未来、放眼全球，坚持目标导向与问题导向相结合而进行的重要部署，包含了一系列新思想、新机制、新举措。对于必须取得突破但一时还不那么有把握的事项，要采取试点探索、投石问路的方法，鼓励大胆探索、勇于开拓，通过先行试点，积累形成一批可复制、可推广的经验。近年来，国家级新区、自由贸易试验区、国家自主创新示范区、国家级经济技术开发区、国家级高新区、海关特殊监管区域、双创示范基地、临空经济区、海洋经济发展示范区等综合性、专项性功能平台的建设就是试点先行的主要载体；生态补偿试点、绿色金融试点、贸易投资便利化试点、农村土地制度改革试点等试点工作也为解决区域发展过程中的问题积累了经验、提供了思路。

---

[1]《在庆祝改革开放 40 周年大会上的讲话》，《人民日报》2018 年 12 月 19 日。

第三章

党的十八大以来
区域发展战略的实践与成效

各地区、各部门深入学习贯彻习近平总书记关于区域发展战略的重要论述，按照党中央、国务院决策部署，积极推进京津冀协同发展、长江经济带发展、粤港澳大湾区建设、推进海南全面深化改革开放、长江三角洲区域一体化发展、黄河流域生态保护和高质量发展等重大区域发展战略，分类助推四大板块高质量发展，区域经济发展呈现出协调性不断增强、活力竞相进发的良好局面。

第一节

京津冀协同发展

京津冀协同发展是以习近平同志为核心的党中央在新的历史条件下作出的重大决策部署，是一个重大国家战略，对于统筹推进“五位一体”总体布局、协调推进“四个全面”战略布局，夺取新时代中国特色社会主义伟大胜利，实现“两个一百年”奋斗目标和中华民族伟大复兴的中国梦，具有重大现实意义和深远历史意义。在以习近平同志为核心的党中央坚强领导下，京津冀协同发展领导小组办公室会同京津冀三省市、有关部门、专家咨询委员会等方面奋力开拓，扎实工作，谋思路、打基础、寻突破，伴随一项项重要规划出台，一个个重大工程实施，京津冀协同发展战略不断向纵深推进。

一、加强顶层设计，规划体系的“四梁八柱”基本形成

擘画蓝图，科学规划。习近平总书记指出，推进京津冀协同发展必须着力加强顶层设计，要有前瞻性，明确功能定位、产业分工、城市布局、设施配套、综合交通体系等重大问题，并从财政政策、投资政策、项目安排等方面形成具体举措。[1]

2014 年以来，京津冀协同发展着力加强顶层设计，规划体系“四梁八柱”基本形成。2015 年 6 月，《京津冀协同发展规划纲要》出台实施，描绘了京津冀协同发展的宏伟蓝图。2016 年，《“十三五”时期京津冀国民经济和社会发展规划》正式印发，成为全国首个跨省级行政区的“十三五”规划。京津冀土地、城乡、水利、卫生等 12 个专项规划印发实施。京津冀城际铁路网规划、北京大兴国际机场临空经济区总体规划、张家口首都水源涵养功能区和生态环境支撑区建设规划、北京市通州区与河北省三河、大厂、香河三县市协同发展规划等相继出台。国务院印发实施北京加强全国科技创新中心建设总体方案，天津市、河北省分别制定出台“一基地三区”规划方案，基本建立起目标一致、层次明确、互相衔接的协同发展规划体系。

[1]《习近平在听取京津冀协同发展专题汇报时强调 优势互补互利共赢扎实推进 努力实现京津冀一体化发展》，《人民日报》2014 年 2 月 28 日。

二、打造北京两翼，雄安新区和北京城市副中心规划建设按高标准、高质量要求扎实推进

太行之东、白洋淀畔，一座未来之城雄安新区呼之欲出；千年大运河北首、百里长安街东端，一座新城北京城市副中心拔地而起。从首都区位看，雄安新区、北京城市副中心作为两翼分列北京中心城区的西南和东侧，定位清晰、错位发展，拱卫首都实现新腾跃。

（一）雄安新区——打造北京非首都功能疏解集中承载地

设立河北雄安新区，是以习近平同志为核心的党中央作出的一项重大历史性战略选择，对于集中疏解北京非首都功能，探索人口经济密集地区优化开发新模式，调整优化京津冀城市布局和空间结构，培育创新驱动发展新引擎，具有重大现实意义和深远历史意义。以习近平同志为核心的党中央提出，雄安新区是千年大计、国家大事，要坚持“世界眼光、国际标准、中国特色、高点定位”，牢牢把握北京非首都功能疏解集中承载地这个初心，紧紧围绕创造“雄安质量”、建设“廉洁雄安”和打造推动高质量发展的全国样板，推动雄安新区实现更高质量、更有效率、更加公平、更可持续的发展，努力打造贯彻落实新发展理念的创新发展示范区。

在以习近平同志为核心的党中央领导下，从中央到地方，从国家部委到河北省各部门，紧张有序地推进雄安新区规划建设各项工作，管长远的重大基础性工作基本完成，雄安新区从规划转入大规模开工建设阶段。

“1+N”规划体系和“1+N”政策体系基本构建。千年大计，规划先行。《河北雄安新区规划纲要》由中共中央、国务院于 2018 年 4 月批复实施，成为指导雄安新区规划建设的基本依据。雄安新区总体规划由国务院于 2018 年 12 月批复实施，起步区控制性规划、启动区控制性详细规划、白洋淀生态环境治理和保护规划相继出台。综合交通、地震安全、能源、产业等 10 个重点专项规划印发实施。

重大工程项目加快建设。雄安新区市民服务中心建成投用，雄安站、京雄城际铁路、京雄高速一期、商务服务中心等项目已全部进场施工。京雄城际大兴机场至雄安段将在 2020 年底建成通车，届时雄安新区到北京将形成半小时交通圈。2019 年 9 月，北京援建“三校一院”（北海幼儿园、史家胡同小学、北京四中、宣武医院）交钥匙项目正式开工，2020 年 6 月初，三所中小学、幼儿园工程主体结构全部完成。各类项目建设带动 1.6 万名当地农村劳动力就近就地就业。雄安新区工地绵延几公里，塔吊、吊车、运输车在高效运转，从地上到地下，从交通水利设施到公共服务配套，开工建设的脉动有力有序，雄安新区建设框架正全面拉开。

生态环境治理全面实施。白洋淀位于九河下梢，堪称北地西湖。习近平总书记考察时强调指出，建设雄安新区，一定要把白洋淀修复好、保护好。[1]白洋淀及上游流域生态环境治理加快推进，新区 606 个有水纳污坑塘全部治理完毕，引黄入冀补淀向白洋淀生态补水 3 500 万立方米，完成农村生活污水治理项目 470 个，治理涉水企业 1 013 家，开工建设 60 多个生态环境治理和保护重点项目，白洋淀湖心区水质自 2019 年持续保持Ⅳ类。植树造林工程加快实施，千年秀林初具规模，累计造林 11 万亩，植树 865 万株。随着各项工作深入推进，雄安新区生态环境改善工作取得较为明显的成效，为构建蓝绿交织、清新明亮、水城共融的生态绿色新城奠定了基础。

（二）北京城市副中心——打造国际一流和谐宜居之都示范区

习近平总书记指出，要把公共建筑与山水自然融为一体，科学布局生产、生活、生态空间，使工作、居住、休闲、交通、教育、医疗等有机衔接、便利快捷。要把规划执行好、落实好，把蓝图变为实景，使北京城市副中心成为这座千年古都又一张亮丽的城市名

[1]《千年大计、国家大事——以习近平同志为核心的党中央决策河北雄安新区规划建设纪实》，《人民日报》2017 年 4 月 14 日。

片。[1] 建设北京城市副中心，不仅是调整北京空间格局、治理大城市病、拓展发展新空间的需要，也是推动京津冀协同发展、探索人口经济密集地区优化开发模式的需要。

规划设计基本完成。中共中央、国务院于 2019 年 1 月批复实施北京城市副中心控制性详细规划。支持副中心高质量发展的指导意见基本制定完成。加强北京城市副中心政策集成创新意见出台，从机构、财政、土地、人才等领域提出改革创新举措。

北京市级机关搬迁工作稳妥有序推进。北京市委、人大、政府、政协四大机关和发改、财政、规土、建设等部门率先启动搬迁，2019 年 1 月 11 日基本搬迁到位并挂牌运行，北京市级机关 35 个部门、165 个单位共 1.4 万人正式搬入副中心办公，为减轻中心城区人口、交通、环境压力作出了贡献，起到明显示范带动作用。在通勤、住宿、教育、生活配套等方面加大服务保障力度，多渠道解决搬迁职工后顾之忧。

通州区与北三县统筹规划建设管控扎实开展。北京市通州区与河北省三河、大厂、香河三县市（以下简称“北三县”）协同发展规划按程序印发实施。北京市与河北省北三县 2019 年签约合作项目 52 个，总投资 337 亿元，正在持续落地。连接北京通州区与河北燕郊的燕潮大桥建成通车。北京市优质健康养老资源向河北省北

[1]《习近平在京津冀三省市考察并主持召开京津冀协同发展座谈会时强调 稳扎稳打勇于担当敢于创新善作善成 推动京津冀协同发展取得新的更大进展》，《人民日报》2019 年 1 月 19 日。

三县延伸布局。

基础设施建设提速。交通、生态、水利等重点基础设施加快建设，市郊铁路城市副中心线东延至通州区乔庄东站实现运营，地铁7号线东延、八通线南延2020年开通，城市绿心完成绿化8 000亩，剧院、图书馆、博物馆等公共服务设施加快建设。北运河副中心段首次实现旅游通航，副中心的文化角色日益丰满。北京环球影城预计2021年开园，届时将成为全球环影中设备最全、最丰富、最新颖的主题乐园。教育、医疗等配套设施加快建设，人大附中通州校区开始招生，北京学校小学部通州校区开班实现首批招生，友谊医院通州院区开诊，通勤、住宿等服务保障不断完善。

三、抓住主要矛盾，北京非首都功能疏解有序开展

面对北京人口膨胀、交通拥堵、房价高涨等“大城市病”症状，北京走上了内涵式集约发展的新路，北京非首都功能疏解工作有序推进。

（一）疏解政策有序出台实施

围绕有序疏解北京非首都功能，从财税、户籍、教育、医疗等涉及搬迁单位和人员切身利益的领域入手，加快研究制定支持政策。北京市全面落实新增产业的禁止和限制目录，实施更加严格的准入标准，自2014年以来不予办理的相关业务超过2.28万件。推

动建立北京市分区分类管控机制，制定实施非居民用气、用热、用水、用电等分区域差别化价格政策。

（二）疏解示范项目积极推进

按照有共识、看得准、能见效、有影响的原则，推动一批区域性批发市场、一般性制造业企业、学校、医院有序向外疏解，积极发挥示范带动作用。2014 年以来，疏解一般制造业企业 1 055 家，整治“散乱污”企业 521 家，关停退出一般制造业企业 2 387 家，疏解提升各类市场和物流中心累计达 694 家。北京邮电大学沙河校区、北京中医药大学良乡校区、北京化工大学昌平校区相继建成，北京电影学院怀柔校区一期主体完工，中国人民大学通州校区、北京工商大学良乡校区、北京信息科技大学昌平校区加快建设。天坛医院完成向丰台区整体搬迁并实现开诊，同仁医院亦庄院区综合楼基本完成，北京大学第一医院城南院区、中国医学科学院北区、友谊医院顺义院区加快建设。

（三）人口调控机制不断完善

坚持疏控结合，通过有序疏解非首都功能带动人口向京外转移的同时，不断完善调控机制，深入实施居住证制度和积分落户管理办法，严格落实以业控人、以房管人、以证管人等措施，人口调控取得良好效果。2019 年末，北京市常住人口 2 153.6 万人，比 2018 年末减少 0.6 万人，自 2017 年连续三年保持负增长（见表 3–1）。

表 3–1 近五年北京市常住人口变化情况

年份	2015 年	2016 年	2017 年	2018 年	2019 年
年末常住人口 / 万人	2 170.5	2 172.9	2 170.7	2 154.2	2 153.6
增长率 / %	0.88	0.1	–0.1	–0.76	–0.03

资料来源：根据2015—2019年北京市国民经济和社会发展统计公报整理。

四、聚焦重点领域，交通、生态、产业实现率先突破

京津冀协同发展是一项长期任务、系统工程，不能搞齐步走、平面推进，必须集中优势兵力，汇聚优势资源，实现重点突破。对符合目标导向、现实急需、具备条件的交通、生态、产业等重点领域率先突破，作为推动京津冀协同发展最直接、最有效、最实在的抓手。

（一）交通一体化发展有力推进

习近平总书记指出，要把解决交通拥堵问题放在城市发展的重要位置，加快形成安全、便捷、高效、绿色、经济的综合交通体系。[1] 2014 年以来，结合京津冀城市群整体空间布局，适应北京非首都功能疏解和产业升级转移需要，按照网络化布局、智能化管

[1]《习近平在北京考察工作时强调 立足优势 深化改革 勇于开拓 在建设首善之区上不断取得新成绩》，《人民日报》2014 年 2 月 27 日。

理和一体化服务的要求，京津冀加快构建以轨道交通为主的互联互通综合交通网络，建立统一开放的区域运输市场格局。

“轨道上的京津冀”加快形成。京津冀协同发展交通一体化规划修编完成，京张、京雄城际北京段、京津城际延长线、大张、张呼、石济客运专线及津保、张唐、唐曹铁路、京沈高铁承德至沈阳段、崇礼铁路等通车运营，京滨、京唐、京沈高铁京承段、丰台站等重大工程加快建设，京津城际 2017 年 5 月起推行月票制，开行京津冀环形列车、通勤早晚动车，环首都“半小时通勤圈”覆盖区域逐步增大。京津冀国家高速公路“断头路”加快贯通，国道“瓶颈路段”基本消除，京秦高速北京段、首都地区环线通州至大兴段、兴延高速、延崇高速平原段、唐廊高速天津段一期与唐山段建成通车，津石高速、延崇高速山区段加快建设。截至 2019 年底，京津冀交通一卡通覆盖全部 13 个地级及以上城市、累计发卡超过 81 万张。区域内高速公路 ETC 主线站覆盖率达到 100%，匝道站覆盖率超过 97%。

机场群和港口群协同服务水平不断提升。北京大兴国际机场建成通航，机场高速公路及北线高速京开至京台段建成通车，机场地铁线开通运营。天津滨海国际机场 T3 航站楼前期工作加快推进，唐山机场扩建完工，沧州通用机场建成投运，张家口宁远机场改扩建项目的飞行区工程完工并复航。首都机场集团正式托管河北机场集团，实现京津冀主要机场一体化运营管理。天津港对标国际一流水平，开展降费提效治乱出清优化环境专项行动，平均每标准箱收费下降 82 美元，累计减免费用 5 亿元，天津港雄安服务中心揭牌设立。天津大港港区 10 万吨级航道通航，首条环渤海内支线开通，国际邮轮母港开通旅客直通车服务，与河北港口集团、唐山港集团已分别组建集装箱码头运营合资公司，通过市场化方式加强合作。唐山港煤炭和散货码头、秦皇岛港深水航道建设工程加快推进，津冀港口群基础设施不断完善，渤海津冀港口投资发展有限公司、津唐国际集装箱码头有限公司先后成立，区域港口资源整合与综合利用加快推进。

（二）生态环保联防联控联治不断加强

生态环境保护是推进京津冀协同发展的重要基础，更是广受瞩目的民生工程。2014 年以来，京津冀始终坚持生态优先、绿色发展，全力打好污染防治硬仗。

大气环境质量持续改善。建立重污染天气应急响应工作机制，京津冀“2+26”城市大气污染防治工作方案出台实施，压减燃煤、煤改电、煤改气以及“散乱污”企业整治等工作深入开展，加快淘汰黄标车和老旧机动车，津冀完成年度 239 万户散煤治理任务，京津冀地区 2019 年 7 月 1 日起提前实施国六标准，机动车尾气污染得到有效防治，大气污染联防联控联治成效明显。2019 年，京津冀区域内 13 个主要城市 $PM_{2.5}$ 平均浓度为 50 微克 / 立方米，比 2013 年下降 52.8%。

“清水”和“绿化”取得积极成效。在天津中心城区与滨海新区之间规划建设生态屏障，北大港、七里海、大黄堡、团泊等重点湿地修复工程深入推进，湿地生态功能持续提升。引黄入冀补淀开始试通水，潘大水库网箱养鱼清理工作全部完成，京冀生态水源、永定河综合治理等重点项目深入实施。2019 年底，京津冀地区水质达到或好于Ⅲ类断面比例为 52.1%，华北地区浅层地下水超采区约 55% 的面积和深层承压水超采区约 46% 的面积实现水位止跌或回升。京津风沙源治理、太行山绿化、“三北”防护林、沿海防护林、平原造林等重点生态工程持续推进，张家口坝上地区退化林分改造任务超额完成，加大坝上地区植树造林工作方案基本制定完成。2014 年以来，京津冀三省市完成植树造林 4 400 万亩以上。环渤海综合治理攻坚战加快实施，陆源、海域污染治理及生态保护修复等重点任务全面启动，河口海湾综合整治修复方案编制完成。

（三）产业升级转移积极开展

在京津冀协同发展战略启动之初，习近平总书记强调，要着力加快推进产业对接协作，理顺三地产业发展链条，形成区域间产业合理分布和上下游联动机制，对接产业规划，不搞同构性、同质化发展。[1] 2014 年以来，京津冀联合推动产业升级实现“1+1+1>3”

[1]《习近平在听取京津冀协同发展专题汇报时强调 优势互补互利共赢扎实推进 努力实现京津冀一体化发展》，《人民日报》2014 年 2 月 28 日。

的效果，努力打造立足区域、服务全国、辐射全球的优势产业集聚区，一批重大产业项目加快实施。

产业跨区域分工加速形成。借助区域市场，通过协调地区间专业化分工，汽车、新能源装备、智能终端、大数据、现代农业等产业链跨区域分工加速形成。比如，汽车产业方面，北京聚焦总部建设、研发设计及高端制造，天津和河北则是制造主阵地，聚集了长城、中兴、长安、天马、北京现代等整车厂，三地形成了从整车到关键零部件在内完整产业链。北京现代沧州工厂于 2016 年 10 月 18 日竣工投产，项目累计投资 120 亿元，是近几年落户河北的最大体量产业协同项目。北京现代第四工厂落地沧州后，带动沧州新增汽车零配件项目 40 多个。

过剩产能化解取得积极进展。天津、河北等地加快化解钢铁等过剩产业，保定市钢铁产能全部退出。2014 年以来，河北省钢、铁、水泥、玻璃产能累计分别压减 9 624 万吨、7 529 万吨、7 704 万吨、8 643 万重量箱。园区和重点企业加大了先进技术投入力度，以大宗工业固体废弃物和再生资源利用为重点的资源综合利用水平明显提升。

五、深化改革创新，协同发展体制机制加快构建

如何使京津冀协同发展建立起科学长效的机制，真正实现“1+1+1>3”的效果？习近平总书记反复强调构建体制机制的重要

性。协同发展必须改革先行，加快破除影响协同发展的体制机制障碍，先易后难、以点带面出台实施一批重大改革创新举措，加强与协同发展其他工作的衔接配套，建立优势互补、互利共赢的协同发展制度体系。

（一）重点领域改革不断深化

一系列改革创新举措落地生根、开花结果，给京津冀地区带来了深刻变化。比如，2014 年，为通过投资主体一体化带动区域交通一体化，京津冀三省市政府、原中国铁路总公司共同出资成立京津冀城际铁路投资有限公司（以下简称“铁投公司”）。同时，由投资公司作为发起人，以具体线路为对象，吸引社会投资人共同出资成立子公司，统筹推进线路的投资、建设、运营及资源综合开发。铁投公司的成立突破了现有以行政区划为界限的建设模式，为京津冀协同发展体制机制创新积累了经验。又如，2015 年 8 月 1 日起，京津冀手机长途及漫游费全面取消，比全国其他地区提前两年多时间实施，给人民群众带来了看得见的实惠。

京津冀地区重点领域改革不断深化，习近平总书记提出的“自觉打破自家‘一亩三分地’的思维模式”[1] 的要求，正在一步步变成现实。京冀携手首开“企业在河北、监管属北京”的跨区域管理

---

[1]《习近平在听取京津冀协同发展专题汇报时强调 优势互补互利共赢扎实推进 努力实现京津冀一体化发展》，《人民日报》2014 年 2 月 28 日。

体制先河。河北自贸试验区获批，涵盖雄安新区、正定、曹妃甸、大兴机场四个片区，涉及河北省与北京市，成为目前全国唯一的跨省市自贸试验区。按照党中央、国务院决策部署，京津冀地区系统推进全面创新改革试验，以改革促发展，推动京津冀协同发展。公安部支持北京创新发展20条出入境政策措施出台实施。京津冀区域银行业风险分担、支付清算和异地存储互惠互通等取得积极进展。

（二）创新驱动作用日益凸显

以创新驱动为理念，搭建协同发展新平台，推动形成京津冀协同创新共同体，引领全国高质量发展。比如，中关村作为创新的代名词，就如创新的火种在京津冀地区呈现燎原之势。中关村先后与雄安新区、天津滨海，河北曹妃甸、承德、保定、石家庄等地在创新创业生态系统构建、园区链建设、产业协同发展等方面进行了积极的探索，初步形成了以天津滨海中关村科技园为代表的两地共建共管园区、以保定·中关村创新中心为代表的技术品牌服务输出、以石家庄正定中关村产业基地为代表的产业链协同创新、以曹妃甸为代表的科技成果转化等多种模式。创新资源辐射外溢不断提速，截至2019年底，中关村企业在津冀两地设立分支机构累计超过8 000家，北京流向津冀技术合同成交额累计达1 063亿元。

截至2019年底，京津冀全面创新改革试验18项改革举措基本完成，形成了三批共15项改革举措，其中9项举措已向全国复制推广。北京全国科技创新中心建设进展迅速，取得阶段性成效，中关村科学城、怀柔科学城和未来科技城建设全面提速，综合性国家科学中心联合基金研究设立，已建设国家重点实验室117家、研究中心3家、企业技术创新中心30家。建立京津冀产业技术创新战略联盟76家，布局建设创新型产业集群8个，促进区域产业协同创新发展。北京海淀区、天津经济技术开发区等5个首批“双创”示范基地启动建设，众创空间联盟成立，京津冀三省市建设众创空间223家。

（三）试点示范工作积极推进

坚持从实际出发，选择有条件的区域领域先行先试，已经有诸多经验为其他地区乃至全国所借鉴。比如，2014年起，京津冀率先启动海关区域通关一体化试点，随后这一模式逐步拓展至长江经济带和广东地区。

北京市服务业扩大开放综合试点工作方案获国务院批复，共九方面近180项试点任务及14项措施清单正加快推进实施。中新天津生态城国家绿色发展示范区加快建设，智慧应用积极推广，与雄安新区、北京经济技术开发区扎实开展“无废城市”试点。科技服务业试点率先在北京中关村、天津国家自主创新示范区和河北石家庄、保定国家高新区开展。天津港、唐山港、河北港口集团智慧港口示范工程建设完成。

六、补短板强弱项，公共服务共建共享取得积极进展

促进基本公共服务均等化是有序疏解北京非首都功能的重要前提和京津冀协同发展的本质要求。补短板强弱项，推进实施一批公共服务重大工程项目，促进优质资源均衡配置，协同发展成果转化为京津冀地区人民群众实实在在的获得感。

（一）教育合作不断加深

基础教育资源深度融合。京津两市高水平中小学校与河北省开展跨区域合作办学，津冀中小学共享北京优质数字资源，河北省选派千名中小学骨干校长和教师赴京优质学校跟岗学习。启动京津冀教育协同发展学校共同体建设。北京市景山学校、北京五中、北师大附中、八一学校、北京八中、史家胡同小学等在河北省唐山市曹妃甸协同发展示范区，廊坊市香河、大厂、永清、固安等县，保定市涿州等地建设分校项目有序实施。

高等教育合作办学逐步深化。京津冀高校联盟建设进一步深化，建设优质课程共享平台、开放优势科研资源、联合开展研究等重点合作任务深入推进，先后组建了京津冀工业院校、师范院校、农林院校、医科院校等 9 个创新发展联盟，建设优质课程共享平台、开放优势科研资源、联合开展研究等重点合作任务深入推进，北京农学院与天津农学院通过合作办学积极推进本科生交流培养和

学分互认。

职业教育交流日益密切。建成“人力资源需求信息共用共享平台”“产教融合校企合作区域性协作平台”“现代服务业创新创业型人才共育平台”“师资与学生交流交换平台”“现代服务业区域性研究平台”5个平台，建立京津冀产教对接“合作对话”“协同创新”“区域共研”“区域联动”4项机制，先后成立商贸、“互联网+”、信息安全等10个跨区域特色职教集团，在资源共享、渠道贯通、教育教学合作交流、学生互访、联合人才培养等方面开展合作。京津冀职业教育协同发展研讨会、工作推进会、产教对接会等不同形式的交流活动多次举行。

（二）医疗卫生协作紧密

医疗机构合作持续深化。截至2019年底，河北省400余家医疗卫生机构与京津开展合作，合作项目突破500个。检查结果互认扎实有效，河北省133家医疗机构与京津278家医疗机构实现36项临床检验结果互认，89家医疗机构与京津87家医疗机构实现20项医学影像检查资料共享，三省市启动异地就医门诊直接结算试点。执业医师多点执业全面推开，三省市跨省执业医师数量达到2 184人。

卫生应急协作不断深化。依托河北医科大学第三医院建设国家卫生应急移动医疗救治中心，重点加强专业处置救援能力、自我保障能力和远程投送能力建设。实现三地省级疾控机构实验室检测结果互认以及经京津冀任一省级疾控机构认可的流行病学调查结果互认。综合监督工作机制日益完善，目前京津冀已有近 10 家地级市、县、区签署卫生综合监督交流合作协议。2020 年，京津冀三省市建立京津冀新冠肺炎疫情联防联控联动工作机制，三省市相关专业部门共同成立人员流动引导、交通通道防疫、防疫物资保障、生活物资保障、企业复工 5 个专项组，协同做好疫情防控各项工作。

（三）文化旅游协同推进

文化艺术和公共文化领域合作不断深化。先后成立京津冀图书馆艺术职业教育联盟，京津冀公共图书馆总分馆制、文化馆总分馆制建成数量分别为 88 个、80 个，打造“京津冀群众合唱节”等公共文化活动品牌。推动文化产业协同发展，积极推动扩大文化消费试点工作，将北京市、天津市、石家庄市、廊坊市确定为第一批国家文化消费试点城市，支持北京国家文化产业创新试验区、天津中新生态城国家动漫产业综合示范园等平台建设。协同推进区域文化遗产保护传承，举办四届京津冀非物质文化遗产联展。

旅游惠民便民力度不断加大。截至 2019 年底，京津冀三省市共同推出 56 条京津冀旅游线路，发放京津冀旅游一卡通 70 万张，三省市对 53 个国家联动实施外国人 144 小时过境免签政策。高质量推进北京 2022 年冬奥会筹办，冬奥会场馆建设顺利推进，北京与张家口两个赛区 128 项冬奥会场馆及设施开工 123 项，国家速滑馆看台主体结构基本完工，北京冬奥村完成项目招标和公司组建，国家高山滑雪中心、国家体育馆改扩建工程加快建设。以冬奥会为契机共同打造以冰雪运动和文化民俗为核心的旅游产品体系。

（四）对口扶贫力度加大

张家口、承德地区生态保护修复与脱贫致富工程联动推进，京津两市对口帮扶河北省张承环京津相关地区工作方案正式实施，北京市14个区与河北省张家口、承德、保定23个县（区），天津市5个区与河北省承德市5个县对口帮扶工作深入推进。2019年，京津两市与河北省张家口、承德、保定三市互派挂职干部200余人次，向三市投入财政援助资金11.8亿元，支持实施扶贫项目近400个。

第二节

长江经济带发展

习近平总书记一直心系长江经济带发展，2016 年 1 月在重庆、2018 年 4 月在武汉两次主持召开座谈会并发表重要讲话，站在历史和全局的高度，从中华民族长远利益出发，系统谋划了长江经济带发展的全局性、根本性、战略性重大举措，为推动长江经济带发展掌舵领航、把脉定向，立下规矩、划定红线。在推动长江经济带发展领导小组的领导下，领导小组办公室会同沿江 11 个省市和相关部门认真贯彻落实习近平总书记关于推动长江经济带发展的重要讲话和指示精神，把修复长江生态环境摆在压倒性位置，统筹推动生态环境保护修复、综合交通运输体系建设、转型升级绿色发展、体制机制改革创新等，为长江经济带绿色高质量发展奠定坚实基础。

一、坚持人与自然和谐共生，生态优先、绿色发展理念深入人心

习近平总书记继承并发展了马克思主义自然观，提出人与自然和谐共生的重要论述，把马克思主义对人与自然关系的认识提升到新的高度，这是生态优先、绿色发展的理论基础。长江经济带位于我国沿海沿江“T型”开发轴线上，在发展初期，沿江省市一味追求经济高速增长，忽视了流域环境容量的有限性和生态承载力的脆弱性，以牺牲生态环境为代价，换取了一时一地的发展，却透支了生态环境“账户”，生物物种急剧减少，湖泊、湿地和草地大幅萎缩，空气、水、土壤污染严重。习近平总书记审时度势，作出共抓大保护、不搞大开发，生态优先、绿色发展的历史性战略决策。

长江经济带将生态优先、绿色发展理念融入顶层设计，形成了“1+N”的规划政策体系。“1”是一个总规划，即《长江经济带发展规划纲要》，明确了长江经济带发展的战略定位、主要目标和重点任务，是推动长江经济带发展的纲领性文件。“N”是围绕《长江经济带发展纲要》，制定的一系列专项规划、政策文件和实施方案。针对生态环境保护修复，国家发展改革委、工业和信息化部、财政部、生态环境部、交通运输部、水利部、农业农村部、最高人民法院等分别出台相关规划和指导意见，各省市制定实施方案，为

转变思想认识和具体行动提供保障。

经过探索实践，沿江 11 个省市对生态环境保护和经济发展的关系认识发生根本性变化，各方面深刻认识到保护和发展不是矛盾对立，而是辩证统一，树立并践行人与自然和谐发展的生态价值观，尊重自然、顺应自然、保护自然，在保护中发展、在发展中保护。2019 年，长江经济带 11 个省市地区生产总值达到 45.78 万亿元，同比增长 6.9%，高于全国 0.8 个百分点，占全国比重、对全国经济增长的贡献率分别从 2015 年的 42.2%、45.3% 提高到 2019 年的 46.5%、49.7%。这充分说明，保护和发展是辩证统一的，抓长江大保护不仅不会影响经济发展，反而能够促进长江经济带高质量发展，长江经济带对我国经济高质量发展的支撑带动作用愈加凸显。

二、统筹山水林田湖草系统治理，还长江一江清水两岸翠绿

习近平总书记在继承我国古人生态智慧的基础上，创新性地提出“山水林田湖草是生命共同体”的观点，要求长江经济带从生态系统整体性和长江流域系统性着眼，统筹山水林田湖草等生态要素，实施好生态修复和环境保护工程。水是长江经济带最核心的要素，长江水的质量决定长江经济带质量。千百年来，长江经济带以水为纽带，连接上下游、江河湖、干支流、左右岸，形成了一个以水为核心的多种资源要素相互关联的自然生态系统。

长江经济带生态环境保护修复按照山水林田湖草系统治理的思路，以治水为突破口，统筹推进水污染治理、水生态修复、水资源保护“三水共治”，狠抓生态环境突出问题整改，开展非法码头整治、打击非法采砂、破解“化工围江”、岸线整治等一系列专项行动，实施沿江城镇污水垃圾处理、化工污染治理、农业面源污染治理、船舶污染治理和尾矿库污染治理“4+1”工程，取得了阶段性进展。截至2019年底，长江流域182个水生生物保护区实现全面禁捕；彻底拆除非法码头并复绿1 254座，规范提升107座；完成清理整治违规岸线利用项目2 020个；“搬改关转”化工企业963家，整治“三磷企业”172家；搬出和转移禁养区内的水产养殖规模达178.9万亩；完成579座尾矿库闭库；完成沿江造林绿化1 318万亩，基本建成长江两岸绿色生态廊道。

水环境治理成效明显，截至2019年底，长江12个劣Ⅴ类国控断面已消除9个，剩下3个也有明显改善。110个地级及以上城市的1 372个黑臭水体已消除87%。岷江、沱江、乌江和清水江等重点支流的总磷浓度较2016年下降接近四成。长江经济带优良水质比例提高到80.7%，较2016年底提高了7.4个百分点，长江保护修复攻坚战取得阶段性成果。

三、绿水青山就是金山银山，走高质量绿色发展的新路子

绿水青山就是金山银山是习近平总书记对经济发展与生态保护

辩证统一关系的生动表述，是实现可持续发展的内在要求，是推进现代化建设的重大原则，也是长江经济带高质量发展的关键所在。推动长江经济带探索走出一条生态优先、绿色发展的新路子，关键是要处理好绿水青山和金山银山的关系。首先要恢复绿水青山，然后要守住绿水青山，最后通过制度创新和科技创新，让绿水青山带来源源不断的金山银山。

在制度创新方面，率先在浙江丽水、江西抚州开展生态产品价值实现机制试点，探索绿水青山转化为金山银山的实现路径。同时，在上海崇明、湖北武汉、重庆广阳岛、江西九江、湖南岳阳开展长江经济带绿色发展示范，围绕加强规划管控、生态保护修复、绿色产业发展、推行绿色生活方式和体制机制创新等方面探索可复制可推广的经验模式。积极探索建立省际横向生态补偿机制，安徽省与浙江省在新安江流域开展生态补偿第三轮试点，与江苏省在滁河建立跨省横向补偿机制。赤水河、酉水等跨省支流也在积极开展生态补偿机制试点。

在科技创新方面，长江经济带依托上海、湖北、重庆、四川等省市全面创新改革试验区，以促进新旧动能转换为目标，加快国家自主创新示范区、国家级科技创新平台（中心）、综合性国家科学中心、创新型省份建设，重点支持新一代信息技术、高端装备、节能环保等 30 个战略性新兴产业集群建设。

四、发挥长江综合立体交通优势，构建国内国际双循环相互促进的新发展格局

面对复杂的疫情防控和经济社会发展形势，习近平总书记胸怀两个大局，提出构建国内国际双循环相互促进的新思路，这也是长江经济带高质量发展的内在要求。长江经济带发展战略实施以来，沿江综合交通走廊建设稳步推进，黄金水道运输能力进一步释放，港口与航运中心形成合力，综合交通运输网络基本成型，交通绿色化发展能力不断增强，为构建国内国际双循环相互促进的新发展格局提供有力支撑。

黄金水道功能不断提升。长江货运量多年居世界内河首位，具有独特的物流成本优势。随着长江南京以下 12.5 米深水航道、荆江航道整治工程的投入使用，5 万吨海船可直达南京，万吨轮船可达武汉，3 000 吨级船舶可常年通达重庆，长江航运能力得到大幅提升。2019 年长江干线货船平均吨位提升至 1 880 吨，年货物通过量 29.3 亿吨，比 2015 年增长 34.4%，“黄金水道”的优势和效益逐渐显现。同时，通过整合港口资源，沿江大型港口与航运中心的枢纽地位显著提升，长江干线亿吨级大港达到 15 个，舟山江海联运服务中心成为全球首个年货物吞吐量超过 10 亿吨的大港，上海港集装箱吞吐量连续多年排名世界第一。

长江经济带综合立体交通走廊建设成效显著。水上运输更加

绿色，油气电混合动力、电动等清洁能源动力船加快推广使用，港口码头船舶污染物接收处理设施和岸电设施建设稳步推进。陆上运输网实现广覆盖，长江经济带地级及以上通高速铁路的城市超过70%，县级及以上通普速铁路的城市约60%，中欧班列线路组织开行超过30条；县级及以上通高速公路的城市约95%，乡镇通沥青（水泥）路达到100%。空运网络节点不断增加，长江经济带民用运输机场增至86个，我国首个以货运为主的湖北鄂州机场建设取得实质性进展。不同运输方式有效衔接水平进一步提高，一批进港铁水联运专用线项目已开工建设，武汉至洋山江海直达1 140吨集装箱示范船、宁波舟山至马鞍山2万吨级江海直达散货船投入运营，长三角内河港口至上海港和宁波港的河海联运船投入使用。成都、重庆、贵阳、武汉等城市一批现代综合客运枢纽加快建设，将形成多式联运网络化服务。

五、坚定不移将一张蓝图干到底，打造有机融合的高效经济体

习近平总书记多次强调，推动长江经济带发展要树立“一盘棋”思想，把自身发展放到协同发展的大局之中，实现错位发展、协调发展、有机融合，形成整体合力。长江经济带作为流域经济，是一个有机融合的高效经济体，从对内发展看，上中下游、江河湖泊、干支流、左右岸、岸产城的协同发展水平提高；从对外发展

看，同“一带一路”建设更加融合，为长江经济带建设成为引领我国经济高质量发展的生力军创造了更多有利条件。

长江经济带发展战略实施以来，在全国区域分化延续背景下，长江经济带加大上中下游地区统筹协调力度，地区分化得到初步遏制，区域融合发展势头强劲，长江三角洲区域一体化发展、长江中游城市群、成渝地区双城经济圈建设等扎实推进。从整体上看，2019 年，长江经济带 11 个省市人均 GDP 人口加权变异系数为 0.404，比 2014 年下降 0.026。从比重上看，2015 年到 2019 年五年间，上游地区生产总值占下游地区的比重提高 4 个百分点，达到 55%；中游地区生产总值占下游地区的比重提高 3 个百分点，接近 74%；上游地区人均 GDP 占下游地区的比重提高 3 个百分点，接近 53%；中游地区人均 GDP 占下游地区的比重提高近 6 个百分点，接近 88%。

在对外开放方面，长江经济带具有通过“一带一路”“陆海新通道”衔接广袤的欧亚内陆和南亚、东南亚等辽阔海洋，对内辐射京津冀、粤港澳大湾区，联动新一轮西部大开发的新优势。目前长江经济带设立了上海、江苏、浙江、湖北、重庆、四川、云南 7 个自贸试验区，在全国 18 个自贸试验区中占比近 40%。以上海和长三角引领带动、内陆地区加快建设开放高地、云南加快建设面向南亚、东南亚辐射中心的对外开放新格局初步形成。2019 年，长江经济带货物贸易进出口总额突破 2 万亿美元，占全国比重达到 44.3%，占世界的比重达到 5.3%，创下 2001 年加入世界贸易组织以来最高值。

第三节

粤港澳大湾区建设

粤港澳大湾区包括广东省的广州、深圳、珠海、佛山、惠州、东莞、中山、江门、肇庆九市和香港、澳门特别行政区，总面积约5.6万平方公里，总人口约7 265万人，是我国开放程度最高、经济活力最强的区域之一，在国家发展大局中具有重要战略地位。2019年，粤港澳大湾区地区生产总值约为11.59万亿元。其中，香港陆地总面积1 106.7平方公里，总人口750.07万人，2019年地区生产总值2.87万亿港元（折合约2.53万亿元人民币）。澳门陆地总面积32.9平方公里，总人口67.96万人，2019年地区生产总值4 347亿澳门元（折合约0.37万亿元人民币）。珠三角九市陆地总面积5.45万平方公里，总人口6 446.89万人，2019年地区生产总值8.69万亿元，比上年增长6.4%。

2017年7月1日，在习近平主席见证下，国家发展改革委与粤港澳三地政府共同签署了《深化粤港澳合作 推进大湾区建设框架协议》。三年来，习近平总书记主持审议了《粤港澳大湾区发展规划纲要》(以下简称《规划纲要》)，亲赴广东考察调研，会见香港澳门各界庆祝国家改革开放40周年访问团，多次对大湾区建设作出重要指示，对粤港澳大湾区建设提出了一系列新论断、新目标、新要求，从全局和战略的高度为大湾区建设领航掌舵、把脉定向。粤港澳大湾区建设领导小组办公室会同有关部门和粤港澳三地深入学习领会习近平总书记关于粤港澳大湾区建设的重要指示批示精神，狠抓贯彻落实，不断推进大湾区建设各项工作取得新成效。

一、“1+N”规划政策体系逐步构建

2012年12月，习近平总书记在党的十八大后首次离京考察就来到广东。习近平总书记指出，希望广东联手港澳打造更具综合竞争力的世界级城市群。习近平总书记高度重视粤港澳大湾区规划工作，反复强调、殷殷嘱托、亲自指导，要求提高规划建设顶层设计水平。2017年12月18日，习近平总书记在中央经济工作会议上指出，粤港澳大湾区建设要科学规划，加快建立协调机制。2018年5月10日、5月31日，习近平总书记先后主持召开中央政治局常委会会议和中央政治局会议，对《规划纲要》进行审议。中共中央、国务院印发了《规划纲要》，并于2019年2月公开发布《规

划纲要》，对推进大湾区建设作出了全面部署，向社会各界描绘了大湾区建设美好蓝图，引发国内外媒体的广泛报道和舆论的高度关注。2019 年 8 月，中共中央、国务院出台了《关于支持深圳建设中国特色社会主义先行示范区的意见》，为深圳指明了发展方向，确定了总体定位。金融支持大湾区建设的意见、大湾区气象发展规划、大湾区城际建设规划等专项规划陆续印发实施，一批政策文件正在抓紧编制。《规划纲要》和专项规划、配套政策、实施方案共同构筑了大湾区建设“1+N”规划政策体系。

二、国际科技创新中心建设有序推进

深入实施创新驱动发展战略，深化粤港澳创新合作，建设全球科技创新高地和新兴产业重要策源地，这是大湾区建设的重点任务之一。三年来，粤港澳三地坚持市场化、法治化、国际化导向，以推动创新政策对接为主攻方向，以综合性国家科学中心、深港科技创新合作区为重要载体，以重大规划、重大政策、重大项目实施为主要抓手，全面推进科技创新、产业创新、体制机制创新、区域协同创新和开放创新，合力建设大湾区国际科技创新中心，取得了重要进展和成效。

（一）科技创新平台建设稳步推进

大湾区国际科技创新中心“两廊”（广深港、广珠澳科技创新走廊）、“两点”（河套、横琴创新极点）建设框架逐步搭建。深港科技创新合作区深圳区域首批五条先行先试政策落地实施，已有金砖国家未来网络研究院中方分院、南方量子科技协同创新研究院等项目入驻；香港区域土地平整工作有序推进，特区政府投入了大量资源用于科技创新。探索粤澳合作新模式，加快支持粤澳合作中医药科技产业园开展中医药国际培训和中药产品海外注册，研究支持在横琴设立粤澳深度合作区，澳门大学、澳门科技大学产学研示范基地落户横琴，澳门四所国家重点实验室分支机构入驻横琴·澳门青年创业谷。深圳光明科学城完成了规划编制和土地整备，深圳湾实验室等高端创新资源落户，将与毗邻的东莞大朗共同打造综合性国家科学中心先行启动区，与北京怀柔、上海张江、安徽合肥共同成为引领我国科技创新发展的重要平台。广州南沙科学城、明珠科学园启动建设。截至 2019 年底，广东省在网络空间与安全、生命科学、数字经济等领域已建三批共 10 家省级实验室，积极组织粤港澳三方优势科研力量新组建 10 家粤港澳联合实验室，引进中科院空天信息研究院、国家纳米中心等 15 家高水平硬科技平台。

（二）重大科技基础设施运行良好并开放共享

2018 年 8 月，国家重大科技基础设施散裂中子源项目在广东东莞通过国家验收，正式投入运行，并对国内外各领域的用户开放。该装置的综合性能进入国际同类装置先进行列。强流重离子加速器、材料基因组、脑解析与脑模拟、江门中微子实验站、合成生物装置等重大科技基础设施启动建设。人类细胞谱系、冷泉系统实验装置、高超声速风洞、极端海洋科考设施等重大科技基础设施加快预研。根据有关要求，这些设施建成后，港澳科研机构和人员可共享使用。

（三）财政科研经费跨境使用取得突破

2018 年 5 月 14 日，科技部、财政部联合发布《关于鼓励香港特别行政区、澳门特别行政区高等院校和科研机构参与中央财政科技计划（专项、基金等）组织实施的若干规定（试行）》，实现了中央财政科研经费过境支持港澳国家重点实验室建设，国家重点研发计划 9 个基础前沿类专项全部对港澳开放申报。广东省印发《关于进一步促进科技创新的若干政策措施》，广东省科技计划项目向港澳开放，港澳高校和科研机构可牵头或独立申报，项目资金可直接跨境拨付到港澳两地的单位账户。

（四）合作办学项目和相关科研院所建设进展顺利

经教育部批准，2019 年 9 月 26 日，香港科技大学（广州）项目正式动工，学校建成后将有效服务粤港澳大湾区科技创新、产业升级和高质量发展。深圳市人民政府与中国科学院签署协议，合作共建中科院深圳理工大学，现已开工建设。中科院香港创新研究院在香港正式注册，再生医学与健康创新中心、人工智能及机器人创新中心两个平台已纳入创新香港研发平台（InnoHK）经费预算。

三、基础设施互联互通不断强化

基础设施互联互通是大湾区建设的重要支撑。三年来，一批重大基础设施投入运营，内地与港澳、珠江东西两岸的联系更加密切。

（一）公路、铁路网络进一步完善

2018年10月23日，习近平总书记亲自宣布港珠澳大桥开通，大桥珠澳口岸实行“合作查验，一次放行”查验模式。历经十余年的规划建设，伶仃洋上大桥飞跨，如同玉带连接起了粤港澳三地，极大地缩短了时空距离，成为粤港澳三地规则衔接、制度对接的试验田。南沙大桥顺利通车，深中通道建设有序推进，珠江口东西两岸联系更加便利。广深港高铁香港段正式通车，香港西九龙站实行“一地两检”通关模式，可直接通达的内地城市越来越多，香港居民来往内地更加便利。大湾区铁路网规划进一步完善，赣深、广汕高铁加快建设，广湛高铁、深茂铁路深江段开工建设，穗莞深城际延伸至前海、深惠城际等重点项目前期工作稳步开展。

（二）空域结构和机场群布局不断优化

加快珠三角地区空域结构调整，研究形成广州终端管制区规划和空域结构整体优化初步方案，完成模拟仿真评估。香港机场第三跑道建设按计划有序推进，深圳机场第三跑道批复建设，惠州机场扩容扩建工程完工，珠海机场改扩建工程已开工建设，广州白云国际机场三期扩建工程、澳门机场改扩建、珠三角枢纽（广州新）机场等前期论证工作加快推进。

（三）口岸建设和改造取得新进展

皇岗口岸改造有序推进，新旅检口岸建设、口岸综合办公楼建设前期工作已同步启动。粤澳新通道（青茂口岸）联检大楼珠海侧海关查验及配套区域已封顶。横琴口岸旅检通道于 2020 年 8 月 18 日投入使用，全国人大常委会授权澳门特别行政区政府对横琴口岸澳方口岸区及相关延伸区实施管辖，横琴口岸澳方口岸于 2020 年 3 月 18 日正式移交澳门。

（四）通信和能源基础设施建设有序推进

5G 基站等信息通信基础设施建设积极推进，粤港澳通信漫游费逐步降低。中国移动等企业与港澳运营商联合推出融合通信计划，实现粤港澳三地资费一体化。乌东德电站送电广东广西特高压直流输电工程等能源基础设施建设稳步推进，西气东输二线广州压气站改造工程及配套外电工程、三线闽粤支干线（广州—潮州段）建成投产。对澳门第四供水管道工程投产通水。珠三角水资源配置工程全面开工建设。

四、要素便捷高效流动取得新突破

粤港澳大湾区建设涉及一国、两制、三个关税区、三种货币，无论是国际、国内都没有可资借鉴的经验，是一项具有开创性、探索性的事业。三年来，大湾区建设不断推进市场一体化，推动人流、物流、资金流等各类要素高效便捷流动。

（一）人员往来便利化程度不断提高

出入境证件便利化应用深入推进，港澳居民来往内地通行证纳入全国统一的出入境身份认证服务平台认证服务范围。广东 144 小时过境免签政策落地实施，53 个国家人员可经广州白云机场、深圳宝安机场等空港口岸免签过境。

（二）跨境车辆通行更加高效

2019 年 4 月 12 日，海关总署在中山市保税物流中心升级相关软硬件设施基础上，成功完成“跨境快速通关”进出口实货、实车测试，大湾区内地九市已全部具备“跨境一锁”对接实施条件。港澳机动车经港珠澳大桥口岸入出内地通行政策逐步放开，粤港非营运小汽车于2019年2月和4月分两个阶段免加签试用通行大桥口岸，港珠澳大桥通行实行“互联网+”审批模式。香港和澳门经港珠澳大桥通行的机动车及其驾驶人的临时入境机动车牌证和临时机动车驾驶许可的有效期延长至一年，广东省直接采信港澳机动车检验信息，核发电子临时入境机动车牌证。海关与公安交管部门数据通道正式打通，为交管业务和海关备案业务线上申报提供了平台支撑，大湾区跨境车辆业务全程实现“网上办”“协同办”。粤港澳跨境非营运小汽车指标管理新规出台，投资类、人才类、捐赠类指标申请范围和条件放宽。澳门机动车入出横琴进一步便利，数量逐步扩大，实施临时入境机动车牌证电子化措施，并在横琴入境口岸实现代购交强险、查验车辆、审核凭证、核发牌证一站式服务。内地与香港航空运输安排备忘录修订，粤港间直升机运营航线航班和内地与香港间多式联运代码共享合作安排进一步放开。

（三）跨境资金流动障碍进一步破除

2019年，货物贸易收支便利化试点正式启动，支持审慎合规的银行为信用优良企业办理贸易收支时，实施更加便利的措施。港澳居民代理见证开立内地个人银行结算账户试点工作运行平稳、反响良好，港澳居民可在香港、澳门便捷开立内地个人Ⅱ类、Ⅲ类银行账户。2019年，财政部在香港发行150亿人民币国债和60亿美元主权债券，并配合庆祝澳门回归祖国20周年在澳门首次发行

20亿人民币国债。2020年，中国人民银行、中国银保监会、中国证监会、国家外汇局对外发布《关于金融支持粤港澳大湾区建设的意见》，从促进粤港澳大湾区跨境贸易和投融资便利化、扩大金融业对外开放、促进金融市场和金融基础设施互联互通、提升粤港澳大湾区金融服务创新水平、切实防范跨境金融风险等五个方面提出了26条具体措施，将有力提升粤港澳大湾区金融服务实体经济能力。

五、宜居宜业宜游的优质生活圈加快构建

打造宜居宜业宜游的优质生活圈是人民的期待。三年来，中央有关部门和粤港澳三地积极回应社会关切，密切配合、持续发力，聚焦重点领域、重点群体共同研究提出了一批政策措施，大湾区居民获得感、幸福感、安全感进一步提升。

（一）便利港澳居民在内地就学、就业的政策措施陆续出台

就业方面，广东省印发实施《加强港澳青年创新创业基地建设实施方案》，将港澳创业者纳入当地创业补贴扶持范围，加快推进前海、南沙和横琴等地港澳青年创新创业基地建设。广东省出台了《粤港澳大湾区（内地）事业单位公开招聘港澳居民管理办法（试行）》，发布了面向在内地高校毕业的2020年应届优秀港澳学生的公务员招录公告。广州南沙新区产业园区开发建设管理局招聘首

批4名港澳人才入职，为粤港澳青年人才交流起到了良好的示范作用。财政部、税务总局出台大湾区个人所得税优惠政策，广东省已制定实施细则，在珠三角九市工作的境外高端人才和紧缺人才可享受优惠的税收政策。

社会保险方面，《香港澳门台湾居民在内地（大陆）参加社会保险暂行办法》印发实施，内地与港澳社会保障衔接将有据可依、有序推进。广东省出台《关于进一步完善我省港澳台居民养老保险措施的意见》，进一步保障了港澳居民在粤养老保险权益。

教育医疗方面，教育部与澳门特区政府签署《内地与澳门特别行政区关于相互承认高等教育学历及学位的备忘录》，进一步深化内地与澳门教育合作。出台并落实符合条件的港澳居民及其随迁子女在大湾区内地接受学前教育、义务教育、高中阶段教育以及参加中高考的政策措施，2019年，在广东省义务教育学校就读的港澳学生达到8.53万人，粤港澳三地已缔结姊妹学校（园）1 046对。粤港澳大湾区区域医疗联合体建设加快推进，区域医疗服务能力进一步提升。港珠澳大桥口岸病媒生物联合监测控制机制建立，紧急医疗救援联动机制进一步完善。

居住方面，便利港澳居民购房的政策全面落实，目前港澳居民在大湾区内地城市购房，均不需提供在本地居住、学习或工作年限证明，以及缴纳个人所得税和社保条件。横琴19万平方米土地出让澳门，用于建设兼具住房、教育、医疗、养老于一体的“澳门新街坊”项目。2019年11月8日，澳门街坊总会广东办事处横琴综合服务中心在珠海揭牌，这是澳门社团在内地开设的首个综合社会服务项目，可以为在横琴居住的澳门居民提供多元化、精细化的社会服务。

（二）生态文明建设取得新进展

珠江流域生态环境保护不断加强，深圳河等水系相关控制单元的水质目标及水污染防治重点任务进行了系统规划，列入2019年城市黑臭水体整治环境保护专项行动的广州市147个、深圳市159个黑臭水体全部完成整治。广东省积极加强与港澳大气污染联防联治，深入推进区域性空气监测和治理。有关部门组织编制粤港澳大湾区海洋灾害预警监测联动机制草案和海洋防灾减灾行动计划，修订《海洋灾害应急预案》，粤港澳三地加强信息沟通，着力完善防汛抗旱防台风综合防灾减灾体系，联合应对“天鸽”“山竹”台风等极端性、突发性、灾害性重大自然灾害事件，应急处置协调配合更加密切，联防联控体系逐步完备。

（三）职业资格互认范围进一步扩大

内地与香港、澳门分别签署并开始实施《关于修订〈CEPA服务贸易协议〉的协议》，在金融、法律、建筑等多个领域进一步扩大对港澳开放。允许港澳居民申请内地中小学教师资格。对港澳与内地合伙联营律师事务所股比和从业限制进一步放开，允许港澳永久性居民中的中国公民参加法律职业资格考试，2019年共有477

名符合条件的港澳居民报考。开展聘任港澳籍劳动人事争议仲裁员试点，设立粤港澳大湾区劳动争议联合调解中心，加强劳动争议处理协作。前海、南沙和横琴等自贸试验区试行港澳工程建设管理模式，并通过备案方式允许港澳工程建设专业机构及人士在区内提供服务。

（四）港澳居民在内地金融服务不断优化

支持大湾区内地居民通过港澳银行购买港澳银行销售的理财产品，以及港澳居民通过大湾区内地银行购买内地银行销售的理财产品。便利港澳居民在内地使用移动支付，目前已推动银联港澳版“云闪付”App、微信（香港）电子钱包、支付宝（香港）电子钱包、中银澳门手机银行和澳门通 MPay 钱包项目上线。工银亚洲、中银香港和南洋商业银行等金融机构推出了便利香港居民在内地购房金融服务，中国银行澳门分行也于 2019 年 11 月在澳门推出类似服务。

（五）文化旅游交流不断深化

首届粤港澳大湾区文化艺术节、粤港澳大湾区媒体峰会、澳门国际旅游（产业）博览会、世界旅游经济论坛·澳门、香港国际旅游展、大湾区文化使命国际论坛、庆祝澳门回归 20 周年澳珠烟花汇演、琴澳音乐节嘉年华等活动成功举办。粤港澳青年文化之旅、粤港澳大湾区香港 / 澳门青年实习计划、港澳青少年民族文化研习考察计划、港澳大学生内地文化实践活动等项目持续开展。大湾区城市旅游合作联盟在广州成立，粤港澳大湾区旅游教育培训基地在澳门设立，“一程多站”旅游产品开发和推广取得积极成效。粤港澳大湾区智库联盟成立。

第四节

推进海南全面深化改革开放

2018 年 4 月 13 日，习近平总书记在庆祝海南建省办经济特区 30 周年大会上发表重要讲话，宣布党中央关于支持海南全面深化改革开放的重大举措。次日，《中共中央 国务院关于支持海南全面深化改革开放的指导意见》对外公布。

推进海南全面深化改革开放上升为国家重大战略，海南在新时期被赋予了新的历史使命，迎来了千载难逢的发展机遇。两年多来，在党中央、国务院坚强领导下，在推进海南全面深化改革开放领导小组直接指导下，领导小组办公室、有关部门和海南省牢记使命、主动作为、狠抓落实，有力有序深化各领域改革创新，在争创新时代中国特色社会主义改革开放生动范例上迈出了坚实步伐。

一、对外开放水平明显提高

习近平总书记指出，海南要坚持开放为先，实行更加积极主动的开放战略，加快建立开放型经济新体制，推动形成全面开放新格局。[1] 两年多来，海南牢牢把握建设自由贸易试验区和中国特色自由贸易港的契机，不断提升对外交流合作水平。2019 年，海南省进出口总值 905.87 亿元，比上年增长 6.8%。其中，进口 562.15 亿元，增长 2.1%；出口 343.71 亿元，增长 15.4%；对美国、欧盟的货物出口值分别增长 62.1% 和 53.1%。

（一）海南自由贸易港建设正式启动

在海南自由贸易港建设开局的关键时刻，习近平总书记对海南自由贸易港建设作出重要指示强调，要把制度集成创新摆在突出位置，高质量高标准建设自由贸易港。[2] 2020 年 6 月 1 日，中共中央、国务院发布《海南自由贸易港建设总体方案》，提出了在海南建设中国特色自由贸易港的总体制度设计和分步骤分阶段安排。

---

[1]《在庆祝海南建省办经济特区 30 周年大会上的讲话》，《人民日报》2018 年 4 月 14 日。

[2]《习近平对海南自由贸易港建设作出重要指示强调 要把制度集成创新摆在突出位置 高质量高标准建设自由贸易港》，《人民日报》2020 年 6 月 2 日。

为贯彻落实《海南自由贸易港建设总体方案》要求，有关方面主动作为，迅速响应。海关总署正式印发《中华人民共和国海关对洋浦保税港区监管办法》，在洋浦试行“一线放开、二线管住”的货物进出境管理制度。中国民航局印发《海南自由贸易港试点开放第七航权实施方案》，鼓励、支持外航在现有航权安排下，在海南经营客、货运第七航权。国务院发展研究中心牵头设立的海南自由贸易港建设专家咨询委员会正式成立，旨在推动总体方案的落实，为海南自贸港建设提供高水平的智力支持。海南省印发实施《中共海南省委关于贯彻落实〈海南自由贸易港建设总体方案〉的决定》。

（二）贸易转型升级持续推进

2018 年 12 月，《中国（海口）跨境电子商务综合试验区实施方案》印发实施，将海口市纳入跨境电商零售进口试点城市范围，并于 2020 年 1 月将试点范围扩大至海南全省。高起点建设海南特色国际贸易“单一窗口”，在全国标准版 12 项功能的基础上，增设海南特色应用，2020 年 2 月出口整体通关时间为 1.81 个小时，较 2017 年压缩 98.33%。在全国率先实施服务贸易先导计划，推出 20 项措施推动服务贸易加快发展。2019 年，海南服务贸易出口增长 33%，首次实现顺差 6.53 亿元。2017—2019 年，海南对外贸易进出口总值连续增长（见图 3–1）。

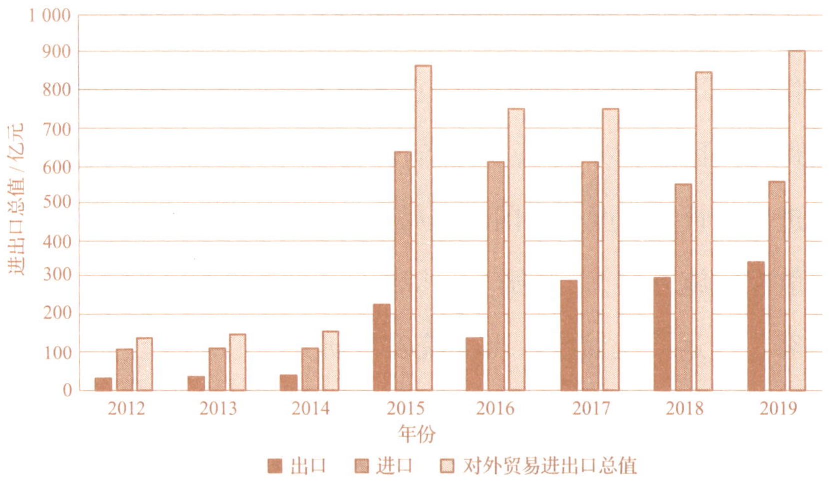

图 3-1　2012—2019 年海南对外贸易进出口情况

资料来源：海南省统计局。

（三）利用外资水平显著提高

在全国率先创建国际投资“单一窗口”，实行外资企业设立商务备案与工商登记“一口办理”。设立国际经济发展局、大数据管理局、博鳌乐城管理局等法定机构，采取国际化、市场化、专业化的运营机制，提升招商引资和国际商务服务水平。2019 年，全省新设外资企业 338 家，同比增长 102.4%；实际利用外资 15.1 亿美元，同比增长 106.1%，连续两年实现翻一番。

（四）对外交流合作水平持续提升

2018 年，海南与香港共同启动旅游、经贸、金融、会展和文化体育方面等 10 个领域合作，主动深入阿联酋、新加坡、文莱、斯里兰卡、以色列、捷克、保加利亚等地实地考察，共谋发展机遇。充分发挥博鳌亚洲论坛年会优势，积极促进与“一带一路”国家的务实交流与合作磋商，系列主题活动取得积极成效。2019 年 10 月，柬埔寨王国驻海口总领事馆开馆，成为新中国成立以来外国在海南设立的首家总领事馆。

二、重点领域改革不断深化

习近平总书记指出，海南全岛建设自由贸易试验区，要以制度创新为核心，赋予更大改革自主权，支持海南大胆试、大胆闯、自主改，加快形成法治化、国际化、便利化的营商环境和公平开放统一高效的市场环境。[1]

（一）营商环境进一步优化

围绕打造法治化、国际化、便利化营商环境，海南对标世界银行标准，连续出台《海南省优化营商环境行动计划（2018—2019 年）》《海南省优化营商环境行动计划（2019—2020 年）》，共推出 69 项改革创新措施。共梳理公布三批“不见面审批”事项 1.5 万项，实现全省 85% 的政务服务事项“不见面审批”。正式上线商事

[1]《在庆祝海南建省办经济特区 30 周年大会上的讲话》，《人民日报》2018 年 4 月 14 日。

主体登记平台——海南 e 登记，推出 24 小时网上自主申报商事主体登记和商事主体注销“一网”服务，企业开办时间压缩至 3 个工作日，外国人工作许可审批时限压缩至 10 个工作日。

截至 2020 年 4 月，海南先后对外发布 7 批 77 项制度创新案例，其中部分制度创新案例得到了有关方面的充分肯定。“一体化大数据社会治理体系”被中央改革办交流推广，“全天候进出岛人流、物流、资金流监管系统”得到国务院第六次大督查通报表扬，还有多项案例得到相关部门的高度认可，创造了多项“全国第一”。

为推动建设公平开放的市场环境，海南有序实施强化竞争政策试点，成立竞争政策研究中心和全国第一个省级层面的反垄断委员会，推进强化竞争政策试点实施方案和公平竞争审查制度落实。积极推进商事仲裁国际化，设立中国国际经济贸易仲裁委员会海南仲裁中心、中国海事仲裁委员会海南仲裁中心，国际贸易仲裁和国际商事纠纷调解机制不断完善。

（二）新旧动能转换成效明显

习近平总书记指出，海南要坚决贯彻新发展理念，建设现代化经济体系，在推动经济高质量发展方面走在全国前列。[1] 海南始终坚持新发展理念，坚持以供给侧结构性改革为主线，加快推进经

[1]《在庆祝海南建省办经济特区 30 周年大会上的讲话》，《人民日报》2018 年 4 月 14 日。

济转型升级，以培育旅游业、现代服务业和高新技术产业等三大主导产业为抓手，着力发展实体经济，建设现代化经济体系。两年多来，在全国经济下行压力加大的情况下，海南坚持以“壮士断腕”的决心调控房地产市场，采取全域限购、严格限贷和限制转让等调控举措。在固定资产投资下降的情况下，海南保持经济运行在合理区间内，地区生产总值、城乡居民人均收入、地方财政收入等都保持了较快的增长。

2019 年，海南省地区生产总值突破 5 000 亿元，连续四年增速超过全国平均水平。产业结构持续优化，三次产业结构优化为 20.3 : 20.7 : 59，第三产业比重提高 0.9 个百分点，对经济增长的贡献达 75% 左右。固定资产投资占地区生产总值比重下降 12.4 个百分点至 59.6%。非房地产投资占固定资产投资总量的比重为 58.4%，提高 6.9 个百分点。12 个重点产业对海南经济增长的贡献达 67.3%，已成为经济增长的主要支撑力量。

创新驱动发展能力不断增强，新产业新业态快速涌现。2019 年，海南互联网产业快速发展，实现营业收入约 800 亿元，年均增速超过 25%；高新技术产业加快培育，实现增加值 262.1 亿元，同比增长 4.5%。高新技术企业数量增长 48.6%，专利申请量、授权量分别增长 44.2% 和 34.4%。2019 年，海南新批准设立省级重点实验室 8 家，省级重点实验室和工程技术研究中心超过 110 家。为贯彻落实“探索知识产权证券化”的重大改革创新任务，2018 年 12 月，国内首单知识产权供应链金融资产支持专项计划——奇异世纪知识产权供应链资产支持证券（ABS）在上海证券交易所发行，实现国内知识产权证券化零的突破。

（三）人才体制机制创新取得明显进展

习近平总书记指出，海南全面深化改革开放是国家的重大战略，必须举全国之力、聚四方之才。[1] 海南省始终坚持人才强省战略，持续加大人才引进力度，千方百计解决人才后顾之忧，力求真正做到“吸引人才、留住人才，用好人才”。

大力实施“百万人才进海南”行动计划，出台系列支持政策，在住房、子女就学等方面为人才提供便利。加快推进深化海南大学教育综合改革开放试点，印发实施《海南大学国际人才、高层次人才直接认定高级职称暂行办法》，将职称评定权下放海南大学，允许海南大学设立特设岗位用以聘用高层次人才，自主设置和调整教学、教辅和科研机构。制定出台内地国有企事业单位人才在海南兼职兼薪、海南省事业单位公开招聘外籍人才等相关规定，广开门路，广纳人才。

2018 年 4 月以来，海南省重点用人单位共引进人才 8.3 万余人，增长 4.2 倍，其中国际人才 7 700 多名，增长 52%。从国家部委和发达省市分两批选派 174 名优秀干部、两批博士服务团到海南挂职。选派 300 名业务骨干到国家部委及其他省市自贸试验区跟班学习，组织 13 批次干部赴境外学习培训。“南海系列”人才培养计

[1]《在庆祝海南建省办经济特区 30 周年大会上的讲话》，《人民日报》2018 年 4 月 14 日。

划顺利实施，打造“南海名家”“南海英才”等系列品牌。

三、国际旅游消费中心建设有力推进

习近平总书记明确指出，国际旅游岛是海南的一张重要名片。推动海南建设具有世界影响力的国际旅游消费中心，是高质量发展要求在海南的具体体现。[1]从建设国际旅游岛到建设具有世界影响力的国际旅游消费中心，海南始终坚持大力发展旅游业，不断提升旅游服务能力和水平，力求为国内外游客提供更多优质服务，在国际市场上打响“海南旅游”这一品牌。

（一）旅游新产品新业态不断丰富

2019年，海南启动实施为期一年的国际旅游消费年活动，推出上千场活动、众多优惠以及丰富的旅游主题产品、主题套餐。成功举办国际大帆船赛、国际马拉松赛、国际公路自行车赛等一系列重要国际赛事，吸引了全世界体育运动爱好者的目光。

成功举办国际品牌博览会、海南岛国际电影节、三亚国际音乐节等重大赛事节庆活动，为海南旅游创造了新热点、带来了新流量。着力打造4小时、8小时飞行经济圈，实现执飞国际航线103条，通达境外62个城市。2019年，全省接待国内外游客8 311万

[1]《在庆祝海南建省办经济特区30周年大会上的讲话》，《人民日报》2018年4月14日。

人次，同比增长 9.0%，其中入境游客 143.59 万人次，增长 13.6%；实现旅游总收入 1 057 亿元，增长 11.3%。

建成亚洲最大的国家帆船帆板基地公共码头，持续推进国家体育训练南方基地建设，积极探索海南特色的“体育 + 旅游”融合发展新路径。海昌梦幻海洋不夜城、亚特兰蒂斯、长影 100 等主题公园等相继开业，多种类型的主题游园赢得了众多年轻朋友的青睐。推进海南旅游服务国家级服务业标准化试点示范建设工作，聚焦在线旅游等重点领域，在海口、三亚等城市开展公共服务质量监测。聚焦“点线面”创建全域旅游示范省，三亚市吉阳区和保亭黎族苗族自治县成功创建国家全域旅游示范区。

（二）离岛免税购物政策效益逐步显现

离岛免税购物是海南旅游的“金字招牌”，自 2011 年政策实施以来，对海南旅游消费的带动效应不断扩大。习近平总书记明确指出，海南要实施更加开放便利的离岛免税购物政策，实现离岛旅客全覆盖，提高免税购物限额。[1] 随着海南全面改革开放不断深化，旅游供给质量和消费水平进一步提升，海南多管齐下，为中外游客创造更加便利的免税购物体验。

一方面，经过多次调整，海南离岛免税政策限额有了大幅提升，从最初每年每人 5 000 元的限额，提升至 2018 年的每年每人 3

[1]《在庆祝海南建省办经济特区 30 周年大会上的讲话》，《人民日报》2018 年 4 月 14 日。

万元的额度。2020 年 7 月，《海南自由贸易港建设总体方案》中的离岛免税购物政策正式落地，海南免税额度提升至每年每人 10 万元，免税商品种类从 38 种增加至 45 种，并取消单件商品 8 000 元的限额规定。该项政策实施后的首周，海南离岛旅客累计购物 6.5 万人次，免税购物总额达 4.5 亿元。另一方面，海南先后在海口、三亚等地设立 4 家免税店，实现“空、海、铁”旅客全覆盖。截至 2020 年第一季度，海口海关共监管销售离岛免税品 7 200.1 万件，销售金额 550.7 亿元，购物人数 1 609.7 万人次。

（三）旅游消费政策稳步实施

继 2018 年 59 国人员入境旅游免签政策落地后，2019 年公安部出台支持海南全面深化改革开放 12 条政策，实施更加开放的免签入境政策、更具吸引力的引才引智政策和更为便捷的高端旅游出入境服务等措施，实现外国旅游团乘坐邮轮从海南入境 15 天免签。

海南在邮轮游艇旅游政策方面也取得了重大突破。2019 年 5 月，交通运输部出台《关于推进海南三亚等邮轮港口海上游航线试点的意见》，在五星红旗邮轮投入运营前，同意先期在海南三亚、海口邮轮港开展中资方便旗邮轮海上游航线试点，有力促进海南邮轮经济发展，激发邮轮旅游市场的活力。

2019 年 6 月，《中国（海南）自由贸易试验区琼港澳游艇自由行实施方案》印发实施，海南对境外游艇开展临时开放水域审批试点，建立游艇备案制度，简化了游艇入境手续，有力提升了海南游艇业对外开放水平。2020 年 7 月，海关总署发布公告，对中国（海南）自由贸易试验区内自驾游进境游艇，游艇所有人或其委托的代理人免于为游艇向海关提供担保，进一步激发了海南游艇旅游产业发展活力。

四、重点功能平台引领作用逐步显现

习近平总书记指出，海南要深化供给侧结构性改革，发挥优势，集聚创新要素，积极发展新一代信息技术产业和数字经济，推动互联网、物联网、大数据、卫星导航、人工智能同实体经济深度融合，整体提升海南综合竞争力。[1] 海南坚持以旅游业、现代服务业和高新技术产业为主导，把园区打造成自贸港核心政策的“孵化器”，做大流量、突出实效的重要平台。截至 2019 年底，海南重点产业园区共吸引 15 478 家企业落户，以不到全省 1% 的土地面积贡献税收 420.5 亿元，占全省税收总额的 33.9%。

（一）洋浦开发区示范引领作用凸显

紧紧围绕打造西部陆海新通道、海南自贸港建设先行示范区、全省高质量发展增长极的总体目标，洋浦经济开发区坚持做好“基

[1]《在庆祝海南建省办经济特区 30 周年大会上的讲话》，《人民日报》2018 年 4 月 14 日。

地、通道、平台”三篇文章，加快推进港产城融合。截至 2020 年 6 月，洋浦共开通 28 条内外贸航线，其中内贸航线 12 条、外贸航线 16 条，实现东南亚主要港口全覆盖。2019 年港口吞吐量突破 5 000 万吨，完成集装箱量年均增长 27%。

2020 年，洋浦经济开发区迎来了新一轮的发展。洋浦海关创新实行全国首例“保税油品同船混装运输”监管模式，该项制度将直接降低企业运营成本，助推企业做大经营量，每年预计可增加外贸出口额 50 亿元。在《海南自由贸易港建设总体方案》对外发布的同一天，“中远海运兴旺”完成了船舶注册登记，成为第一艘以“中国洋浦港”为船籍注册的货轮，标志着“建立海南自贸港国际船舶登记中心，创新设立便捷、高效船舶登记程序”在洋浦落地生根。2020 年 1—5 月，尽管受疫情影响，洋浦港的货物吞吐量仍逆势上涨，整体吞吐量达 2 225.72 万吨，同比增长 10.28%，其中外贸吞吐量同比增长 15.23%。

（二）博鳌乐城先行区进入发展快车道

2019 年，国家发展改革委等四部门联合印发《关于支持建设博鳌乐城国际医疗旅游先行区的实施方案》，助力先行区在应用国际医疗新药品、新装备、新技术方面创造众多“全国第一”。保税仓和可追溯系统启用，特许药械审批提速，并可以提前储备药械，方便医生和患者。目前，先行区进口特许药械品种引进突破 100 例，可用抗肿瘤新药、罕见病药达 100 种，成为国际先进医疗器械和创新药物进入中国市场的最重要门户。

博鳌乐城医疗旅游先行区已实现9家医疗机构开业或试运营，引进签约院士专家团队51个（包括诺贝尔奖获得者2名），成立院士工作站10个。2019年先行区接待医疗旅游人数约7.5万人次，同比增长134%；医疗机构营业收入约6.4亿元，同比增长75%。两年时间，先行区接待医疗旅游人数增长近3倍，医疗机构营业收入增长超过4.5倍。

2020年4月，先行区举办“永不落幕”国际创新药械展，搭建了国际创新药械集中展示、科研转化和医学培训的新平台。6月16日，海南制定出台《海南自由贸易港博鳌乐城国际医疗旅游先行区条例》，将先行区管理体制、开发建设、产业发展、服务管理等内容制度化、法定化，为先行区的进一步发展奠定了坚实的法治基础。

（三）其他重点园区建设加速推进

三亚崖州湾科技城总体规划出台实施，三亚崖州湾科技城建设方案、南繁科技城产业规划编制完成，配套基础设施项目启动建设。国家深海基地南方中心科研机构选址确定，深海技术实验室完成注册登记。全球动植物种质资源引进中转基地产业规划和海关监管方案完成编制。目前，三亚崖州湾科技城共吸引了150余家企业及科研机构签约入驻，包括中国农科院等8家国家级科研机构、中国船舶集团等5家央企和上海交通大学、浙江大学等5所一流大学在园区内聚集。

海南生态软件园已吸引了腾讯、百度、华为等龙头企业在园区内布局，100余家国内区块链头部企业和机构在园区落户，园区内现齐聚1 000余家游戏企业和电竞企业。

2019年，海南各重点园区实际利用外资4.383亿美元，同比增长2.03倍，占全省比重为28.83%。对外贸易大幅增长，进出口总额542.7亿元，同比增长19.02%，占全省比重为59.91%，其中出口总额248.12亿元，同比增长5.95%，占全省比重为72.19%。重点功能平台对外开放方面的引领效应不断扩大。

五、国家生态文明试验区建设取得积极进展

习近平总书记指出，生态文明建设事关中华民族永续发展和“两个一百年”奋斗目标的实现。保护生态环境就是保护生产力，改善生态环境就是发展生产力。海南要牢固树立和全面践行绿水青山就是金山银山的理念，在生态文明体制改革上先行一步，为全国生态文明建设作出表率。[1]

海南坚持把保护好生态环境作为建设自由贸易试验区和中国特色自由贸易港的基础保障和特色优势，严格落实源头把关责任，打好污染防治攻坚战，补齐环保基础设施短板，形成绿色生产生活方式，积极探索绿水青山转化为金山银山的路径方法，推动形成人与

[1]《在庆祝海南建省办经济特区30周年大会上的讲话》，《人民日报》2018年4月14日。

自然和谐发展的现代化建设新格局。

（一）生态文明制度建设取得实效

海南以生态文明建设顶层设计的“四梁八柱”为引领，出台《关于健全生态保护补偿机制的实施意见》《海南省河长制湖长制规定》《海南省生态环境损害赔偿制度改革实施方案》等一系列生态领域法规政策和制度措施，加快完善生态文明建设长效机制，以最严格的生态环境保护制度呵护海南绿水青山。建立以绿色发展为导向的考核评价体系，树立生态文明建设与经济发展并重的政绩观。自 2018 年起，海南对全省各市县进行差别化考核，并取消 12 个市县的地区生产总值、工业产业、固定资产投资考核。

海南加快推进在省内 4 400 余平方公里的区域内建设热带雨林国家公园。目前，《国家生态文明试验区（海南）实施方案》《海南热带雨林国家公园体制试点方案》已印发实施，并组建海南国家公园研究院，挂牌成立热带雨林国家公园管理局。《海南热带雨林国家公园总体规划（2019—2025 年）》完成编制，热带雨林国家公园智慧雨林项目正式启动，热带雨林公园相关立法工作稳步推进。

海南省域“多规合一”改革全面推进，全省 211 万公顷林地、32 万公顷湿地全部纳入生态管控空间。高标准高质量编制全省国土空间规划，完善省市县联动的空间规划管理体系。制定排污许可管理条例，健全环保信用评价和联合惩戒机制，完善生态环境监管模式。开展区域空间生态环境评价暨“三线一单”编制试点，探索生态环境分区管控。

（二）生态环境进一步改善

2018 年 5 月，海南开始实施农村人居环境整治三年行动方案，以农村垃圾治理、农村污水治理、农村“厕所革命”和村容村貌提升为主攻方向，与“美丽海南百镇千村”建设、生态环境六大专项整治等工作相结合，统筹城乡发展，统筹生产生活生态，进一步提升农村人居环境水平。

海南通过认真抓好中央环保督察和国家海洋督察反馈问题整改，统筹推进生态环境六大专项整治。积极推行“河长制”“湖长制”“湾长制”，加快垃圾和污水处理设施建设，加强城镇内河湖水污染治理，重点水体达标率上升 4.3%。生态环境持续保持全国一流水平，2019 年空气优良天数比例达 97.5%，细颗粒物（$PM_{2.5}$）年均浓度降至 16 微克 / 立方米。

（三）绿色生产生活方式加快推行

2018 年 5 月，海南开始实行小客车总量调控管理。在全国率先全域推广清洁能源汽车，公务、公交新增和更换车辆全部使用清洁能源汽车，2019 年推广应用 1.29 万辆，保有量提升 56.2%。2019 年 3 月，对外发布《海南省清洁能源汽车发展规划》，海南成为全国首个提出所有细分领域车辆清洁能源化目标和路线图的地区，并率先提出 2030 年“禁售燃油车”时间表。

印发实施《绿色建筑评价标准》《海南省电动汽车充电基础设施规划（2019—2030）》《海南省电动汽车充电基础设施建设运行暂行管理办法》，加快推进清洁能源岛建设。出台国内第一部省级专项“禁塑”地方法规，公布了首批“禁塑”名单。

六、民生保障和社会治理持续加强

海南自由贸易试验区 80% 的土地、60% 以上的户籍人口在农村。这就决定了海南在建设自由贸易试验区、自由贸易港的过程中，必须要托好民生之底。

（一）脱贫攻坚取得阶段性成果

小康不小康，关键看老乡。习近平总书记视察海南时道出了关注民生福祉的殷切嘱托。2018 年以来，海南城乡居民人均可支配收入实现明显增加。2019 年，海南居民人均可支配收入 26 679 元，增长 8.5%。贫困地区农村居民人均可支配收入 11 567 元，比上年名义增长 11.5%，扣除价格因素影响，实际增长 8%，实际增速比全国农村快 1.8 个百分点。

脱贫攻坚是第一民生工程，责任重大、任务艰巨。2018 年以来，海南向省内所有乡镇和行政村派出 8 083 名干部，组成 2 757 支乡村振兴工作队，实现所有镇村全覆盖。推行电视夜校、消费扶贫、橡胶价格（收入）保险等政策措施，破解脱贫攻坚难题。2018年，海南省8.6万人脱贫，81个贫困村出列；2019年，4.5万人脱贫任务高质量完成。全省农村贫困发生率由2018年的0.79%下降到2019年的0.01%，提前一年基本消除现行标准下的绝对贫困。2020年2月28日，五指山市、临高县、白沙黎族自治县3个国家级贫困县正式摘帽。至此，海南省5个国家级贫困县全部摘帽。

（二）公共服务水平显著提升

2018年以来，海南通过嫁接优质基因，签约落地和洽谈的“一市（县）两校一园”及重点园区优质基础教育资源引进项目达70余个，累计建成招生学校34所，实现所有市县引进优质基础教育项目全覆盖。清华附中、北大附中附小、哈罗公学、德威公学、剑桥幼儿园等一批中外知名学校纷纷签约落户。海南高校与国外及港澳台地区共771所高校建立友好院校关系，并加快推进海南大学“部省合建”和世界一流学科创建。

海南全力推进基层医疗卫生机构标准化建设，在19个获得国家临床重点专科领域基本实现重大疾病检查治疗不出岛。推动公立医院综合改革，启动现代医院管理制度试点。

18个市县组建医联体，海口、三亚列为国家医疗集团试点城市。建成省内远程医疗会诊系统，与全国300多家三甲医院远程医疗系统联通。深度推进跨省异地就医住院医疗费用直接结算，灵活就业人员及离休人员已全部纳入异地就医人群范围。

（三）社会治理新格局逐步形成

为进一步规范海南反走私综合治理工作，2020 年 4 月 1 日，海南开始实施《海南省反走私暂行条例》，构建适应自贸港需求的反走私治理体系。海南省综治中心、雪亮工程、网格化服务“三位一体”机制基本形成，人民群众的获得感、幸福感、安全感得到进一步提升。海口市秀英区、三亚市天涯区成功创建“全国农村社区治理实验区”，为推进农村社区治理体系和治理能力现代化提供示范。搭建完成公共就业和社会保障基本公共服务平台，形成全省统一的公共招聘网上平台。加快推进第三代社会保障卡、电子社会保障卡和社会保障卡“一卡通”服务管理平台建设。推动依法治省、市（县）工作纵深发展，19 个市县均成立了依法治市（县）机构。创新开展人民调解工作，构建专职化、专业化、全覆盖人民调解格局。建设“全时空、全业务”公共法律服务体系，开通“12348”律师咨询热线，进一步提高法律援助的惠及面和有效性，构建覆盖城乡的公共法律服务体系。

第五节

长江三角洲区域一体化发展

以习近平同志为核心的党中央高度重视长江三角洲区域一体化发展。党的十八大以来，长三角三省一市认真学习贯彻习近平总书记关于推动长江三角洲区域一体化发展的重要讲话和指示批示精神，牢固树立一体化意识和“一盘棋”思想，打破“一亩三分地”和地方保护主义，破除制约一体化发展的行政壁垒和体制机制障碍，更加注重提高经济集聚度，更加注重提高区域连接性，更加注重提高政策协同效率，真正把思想行动统一到更高质量一体化发展上来，推动长江三角洲区域一体化发展取得显著成效。

一、区域协作机制不断健全

经过多年探索和实践，长江三角洲区域一体化发展逐步形成了民间先行、地方跟进、国家推动的协作格局，三省一市融合发展、协同推进机制不断建立健全。

（一）协作区域逐步扩大

随着改革开放的逐步深入，长三角地区经济、人文联系更加紧密，一体化协作区域也由上海及周边城市扩大到沪苏浙皖三省一市。2014 年《国务院关于依托黄金水道推动长江经济带发展的指导意见》提出，“长三角”是指以上海为中心，南京、杭州、合肥为副中心的城市群。2019 年，中共中央、国务院印发《长江三角洲区域一体化发展规划纲要》（以下简称《规划纲要》）明确长三角范围为上海市、江苏省、浙江省、安徽省全域，设计了长三角全域、中心区、示范区、上海自贸区新片区等四个圈层结构，形成新片区拓展功能、示范区先行探索、中心区率先复制、全域集成推进的一体化发展格局。

（二）组织领导不断加强

20 世纪 90 年代以来，长三角一体化协作经历了城市协作办主任联席会、长江三角洲城市经济协调会等形式。《规划纲要》印发后，中央层面成立了推动长三角一体化发展领导小组，统筹指导和综合协调长江三角洲区域一体化发展战略实施，将三省一市和国务院 12 个部门纳为成员单位。至此，长江三角洲区域一体化发展在城市推动的基础上，进一步提升到省市级层面，并最终上升成为国家区域发展战略的重要组成部分。

（三）协作内容持续丰富

经过不断探索，长三角地区逐步建立了交通、能源、信息、科技、环保、信用、人社、金融、商务服务、产业、食品安全及城市合作 12 个合作专题。《规划纲要》着眼于推动形成区域协调发展新格局，从区域联动发展、都市圈一体化发展、城乡融合发展、跨界区域共建共享等方面，对跨界区域、城市乡村等区域板块一体化发展目标任务进行了部署。对跨省重大基础设施建设、环境保护、区域协同创新等已经具备条件的领域，明确提出加快一体化发展的要求；对营商环境创建、市场联动监管、公共服务等具备一定条件的领域，重点是建立健全相关体制机制，逐步提高一体化发展水平；对尚不具备条件的领域，强调融合、联通、协调、互动，提出了一体化发展方向。一体化协作内容不断丰富和扩展。

（四）疫情联防联控彰显优势

面对突如其来的新冠肺炎疫情，在以习近平同志为核心的党中央坚强领导下，在推动长三角一体化发展领导小组的有力指导下，三省一市坚持统筹推进疫情防控和经济社会发展，两次召开主要领导视频会议，部署推动疫情防控和复工复产，及时建立长三角疫情联防联控工作机制，出台了疫情信息互联互通、防疫物资互济互帮、复工复产互助互动等“7+5”协同合作事项政策举措，在全国较早启动一级应急响应，用 1 个月左右时间遏制了疫情蔓延的势头，用 2 个月左右时间实现了住院病例的清零，用 3 个月左右时间取得了疫情防控阻击战的重大胜利。同时，长三角三省一市派遣多批次医疗队员，驰援武汉医疗机构和方舱医院，积极协调防疫物资支持北京，为全国疫情防控贡献长三角力量。

二、规划政策体系不断完善

长三角三省一市坚持以新发展理念引领高质量发展，上海发挥龙头带动作用，苏浙皖各展所长，共绘发展“一幅图”，形成协同规划、携手谋划、行动计划有机衔接的推进格局。

（一）以规划为引领加快一体化建设

2016 年国家发展改革委联合住房城乡建设部印发《长江三角洲城市群发展规划》提出，打造改革新高地、争当开放新尖兵、带头发展新经济、构筑生态环境新支撑、创造联动发展新模式，推动长三角建设世界级城市群。2018 年，长三角区域合作办牵头编制了《长三角一体化发展三年行动计划（2018—2020 年）》，聚焦交通、能源、创新、环保等重点领域，明确了长三角一体化的任务书、路线图和时间表。

（二）“1+N+X”规划政策体系加快构建

2019 年推动长三角一体化发展领导小组办公室会同三省一市和有关部门围绕贯彻《规划纲要》，加快落实“N”个专项规划、实施方案和“X”个配套支持政策，积极构建具有“四梁八柱”性质的一体化制度框架。《规划纲要》紧扣“一体化”和“高质量”，充分调动市场主体积极性，更好地发挥政府作用，打破“一亩三分地”和地方保护主义，减少行政干预，真正使市场在资源配置中起决定性作用，促使要素自由流动，提升区域资源配置效率和全球资源吸纳能力。在《规划纲要》统领下，长三角交通运输更高质量一体化发展规划和赋予省级政府用地审批权、金融支持长三角一体化发展、税收征管服务、异地就医门急诊费用直接结算等政策措施已印发实施，促进皖北承接产业转移集聚区建设的政策措施已按程序报批，构建长三角世界级港口群形成一体化治理体系总体方案、环太湖地区城乡有机废弃物处理利用示范区建设方案已编制完成。

（三）三省一市各扬所长推进一体化战略实施

《规划纲要》印发后，三省一市均出台落实《规划纲要》的实施方案。上海围绕七个重点领域和三大重点区域，提出了 65 项具体举措；江苏明确了绿色发展、公共服务、省内全域“六个一体化”的总体工作布局，共列出80项重点事项；浙江重点推进“九高九共同”主要任务，并推动编制形成N个专项行动计划和11个设区市实施方案；安徽明确九个方面重点任务、216项具体举措和30个重大工程。

三、科创产业协同创新不断突破

深入实施创新驱动战略，以创新资源共建共享共用为抓手，促进科技与经济、创新链与产业链深度融合，聚力培育高新技术企业，加快区域协同创新网络建设，不断提升自主科研能力和水平。

（一）科技基础设施集群建设稳步推进

G60科创走廊建设方案完成编制，沿沪宁产业创新带建设开展前期研究工作。三省一市加快建设长三角科技创新共同体，签订《上海张江安徽合肥关于推进科技创新开放合作的框架协议》，推进上海张江、合肥综合性国家科学中心“两心同创”，探索规划联动、项目联动、平台联动、人才联动。上海光源二期顺利出光，软X射线装置实现重大突破，超强超短激光10PW用户装置全部建成，硬X射线市级重大专项完成中期评估；生物医药产业技术和类脑芯片等两个功能型平台以及转化医学研究中心、活细胞成像平台、国家肝癌科学中心等大科学设施建设顺利，集聚效应和辐射能力逐步释放；量子科学研究中心成立，与安徽合肥共创量子科学国家实验室。

（二）协同创新网络体系建设加快

2019 年 4 月，长三角科技资源共享服务平台开通运行，整合区域内 2 420 家法人单位的 3.1 万台（套）大型科学仪器设施，总价值超过 360 亿元。截至 2020 年 5 月，平台累计访问量达 7 万人次，服务长三角地区的用户占外省市用户量的 50% 以上，收到各类科技需求 142 个，解决了 106 个，解决率达到 74.6%，有效推动了科技资源与服务的跨区域共享。同时，积极探索通过“创新券”在区域内通用通兑，吸引用户集聚、提高用户黏性。

（三）协同推进科技成果转移转化

国家技术转移东部中心建成 12 个长三角分中心，培育了科创帮、迈科技等一批机构服务长三角企业转型发展。开展关键共性技术联合攻关，三省一市联合实施空间运动目标智能跟踪型星载多分辨光学成像技术研究等 22 项关键核心技术攻关和基于软件定义网络（Software Defined Network，SDN）的新型异构自组织通信网络研发及产业化等 9 项重大科技成果转化项目。2019 年上海技术合同输出至苏浙皖 5 756 项，合同金额 204.89 亿元，上海吸纳长三角技术合同 3 985 项，成交金额 91.14 亿元，同比分别增长 29.7%、71.6%。

（四）推动产业协同发展

建立长三角 G60 科创走廊金融科技产业合作示范园区和科技

成果转移转化示范基地，打造“G60科创云”平台，协同成立机器人、新能源和网联汽车、新能源等产业联盟和5G创新发展联盟，全国首个跨省5G视频通话在上海、杭州、苏州、合肥四城实现互联。共同签署《长三角地区智能网联汽车一体化发展战略合作协议》，发布《长三角氢走廊建设发展规划》，示范推广氢燃料电池汽车，率先启动建设四条氢高速示范线路，发布《2019长三角智能制造发展白皮书》。上海华虹无锡集成电路研发和制造基地（一期）12英寸生产线顺利建成投片，临港集团与江苏大丰、浙江慈溪、安徽合肥等地开展跨省园区合作，上海漕河泾开发区海宁分区成为沪浙区域产业协同发展的重要平台和载体，温州等地在上海设立“科创飞地”，为当地产业转型升级提供科技支撑。

四、基础设施互联互通不断优化

长三角统筹推进跨区域基础设施建设，加快推进对外交通、城际交通、都市圈交通高效衔接和有机融合，构建安全、便捷、经济的现代化综合交通运输体系。

（一）轨道上的长三角跑出加速度

《长三角地区多层次轨道交通网络规划》启动编制。杭黄铁路、商合杭高铁北段、郑合高铁、徐宿淮盐铁路、连淮扬镇铁路连淮段等高速铁路通车运营；通沪铁路一期正在进行静态验收；沪通铁路赵甸至黄渡段转入全线拉通试验阶段，进入开通倒计时，商合杭高铁合肥至湖州段转入试运行试验阶段，沪苏湖铁路、上海机场连线、沪通铁路二期越江段正式开工；宁淮铁路等在建项目稳步推进。截至2019年底，长三角地区高铁营业里程近5 000公里，覆盖区域内90%以上的设区市。

（二）省际公路通达能力明显提升

长三角第一批17条待贯通省际“断头路”中，盈淀路—锦淀公路、常熟至嘉善高速公路已通车，城北路—岳鹿路贯通；其余14个项目28个路段中，4个路段已建成、19个路段开工建设，5个路段正在开展前期工作。累计开通57条省际毗邻地区公交客运线路，三省一市交通部门联合起草《长三角省际毗邻公交运营服务规范》。全面取消高速公路省界收费站。完成嘉兴桐乡（乌镇）、海盐至浦东机场客运班线增设。长三角10个有轨道交通的城市实现“一码通行”。沪杭甬高速智慧化改造已启动实施，2020年将完成基础示范部分建设。

（三）港口航运工程有序推进

积极探索港口发展合作新模式，共同打造全球领先的世界级港口群。上海港集装箱支线班轮已对接长江中下游主要港口、实现与洋山深水港区江海直达，沪浙洋山区域合作开发方案在抓紧推进。

长三角航运创新发展联盟成立，安徽省港航集团纳入上海组合港。江海联运和长三角港航一体化进一步加强，芜湖马鞍山江海联运枢纽建设积极推进，马鞍山和浙江舟山港通航全国首艘江海直达船。高等级航道网加快建设，连云港30万吨级航道、京杭运河苏州、杭州段主体基本完成；杭平申线平湖段和海盐段、沪昆铁路桥改造工程通过交工验收；长湖申线航道已全线建成、苏申内港线（上海段）西段整治工程开工建设。

（四）协力打造世界级机场群

《长三角民航协同发展战略规划》已征求有关部门和地方意见，着力优化区域内各机场的空间布局和功能定位，提高区域航空资源利用效率和整体效益。巩固提升上海国际航空枢纽地位，开工建设上海机场联络线，南京禄口机场改扩建、杭甬温三大机场等重大项目加快建设，规划建设合肥国际航空货运集散中心，开通合肥到深圳、洛杉矶、芝加哥、河内、香港的定期货运航线和合肥到欧美生鲜包机航线。

（五）共同强化能源保障建设

淮南—南京—上海1 000千伏特高压交流输电工程越江管廊贯通，南通—上海崇明500千伏联网工程江苏段全面施工，中海油滨海、芜湖液化天然气（LNG）接收（转运）站项目实现新开工；申能淮北平山电厂二期工程、安徽绩溪、金寨抽水蓄能电站等项目加快建设；桐城、宁国抽水蓄能电站开展前期工作；1 000 千伏淮南—浙北—上海特高压交流输变电工程成功投运，形成长三角输电环网。

五、生态环境共保联治不断加强

坚持生态优先、绿色发展，加强水域、空气、土壤等环境治理，合力推动区域环境协同治理，推动形成信息互认、标准相通、治理协同的工作机制，建设绿色美丽长三角。

（一）合力推进生态环境共同保护

三省一市深化产业结构调整，加快燃煤锅炉淘汰整治，同步提前实施轻型车“国六”排放标准、换用国六汽柴油，全面落实“三油并轨”；2019 年 1 月 1 日起，船舶进入排放控制区水域全面实施换烧低硫油措施；实施区域柴油货车和港口货运污染治理专项方案。2019 年，41 个城市 $PM_{2.5}$ 浓度平均为 41 微克 / 立方米。共同推进长江经济带“共抓大保护”工作，共建水质预警应急联动系统，加强区域供排水安全；共建水环境综合治理信息共享平台，加强太湖蓝藻水华和省际边界地区水葫芦联防联控，持续开展长江经济带饮用水水源地环境保护执法等专项行动，共同推进长江干流岸线清理整治。2019 年，333 个地表水国考断面水质优Ⅲ类及以上比例达 84.1%，劣Ⅴ类比例大幅下降，仅为 0.3%。

（二）全力做好生态环境治理

协同推进宁杭生态经济带、淮河生态经济带、大运河生态文化旅游带建设，实施环太湖综合整治和生态湿地修复。共推长江口北支湿地和崇明东滩鸟类自然保护区生态修复，加快推进黄（渤）海候鸟栖息地（二期）建设，共同维护生物多样性，共同落实《长江经济带船舶和港口污染突出问题整治方案》，加强长三角船舶和港口污染联防联治联控。江苏、安徽稳步推进“两减六治三提升”“三大一强”专项攻坚行动，持续加强生态环境治理。

（三）生态协作机制不断创新

依托长三角区域大气污染防治协作机制，强化区域大气污染联合防控与协商对接，开展环境空气质量监测预警，加强突发事件应急管理，统一区域重污染天气应急启动标准，编制实施重污染天气应急减排措施清单，推进大气面源污染防治。2013 年底和 2016 年初，生态环境部联合相关部委及三省一市分别成立长三角区域大气、水污染防治协作小组。沪苏浙共同编制《长三角生态绿色一体化示范区国土空间总体规划》，以“一体化”为驱动力，推动生态绿色和高质量发展。编制《长江三角洲区域生态环境共同保护规划》《长三角区域固废危废联防联治实施方案》，建立太湖淀山湖湖长协商协作机制，深化临界地区省级以下生态环境协作机制建设。健全危废联合监管机制，依法优化危废跨省转移信息互通和审批机制。皖苏推进实施滁河流域生态补偿机制，皖浙共同推动新安江—千岛湖生态补偿试验区建设，沪苏浙启动太湖流域多元化生态补偿机制建设。

（四）深化区域环境监管联动合作

开展长三角一体化协同治理联合调研和民主监督，进一步加强边界应急联动和专项执法，开展挥发性有机物专项现场检查和太浦河突发环境事件应急演练。积极参与长三角区域信用合作，落实长三角区域环境保护领域实施信用联合奖惩合作备忘录，统一区域严重失信行为认定标准、联合惩戒措施。开展长三角执法互督互学，制定长三角统一的生态环境行政处罚裁量基准，统一区域执法尺度。加强净土、清废联防联治，积极开展固废危废联合执法，严厉打击危险废物非法转移、倾倒等违法犯罪活动。启动区域一体化发展政策梳理，率先开展三省一市环境准入、污染排放等生态环境领域政策标准的对接梳理工作，组织梳理生态环境领域“十四五”时期标准一体化清单，共同研究建立长三角标准一体化工作推进联络机制。

六、公共服务便利共享不断加快

长三角不断推进公共服务标准化便利化，促进教育资源共享、医疗卫生协作、文化旅游共建、社会保障和信用体系建设合作，让发展成果更多更公平地惠及人民群众。

（一）公共服务便利化水平不断提升

搭建三省一市养老保险数据交换平台，养老保险待遇资格协助认证效率不断提升。在全国率先探索异地门诊费用直接结算，已覆盖长三角 41 个地级以上城市，截至 2020 年 5 月，联网定点医疗机构 6 017 家，累计结算 115.98 万人次，涉及医疗总费用 2.74 亿元，其中医保基金支付 1.61 亿元。实施民生档案跨区查档服务项目，截至 2020 年 5 月，上海累计经办 400 余例。开展长三角地区社会保险待遇领取资格协助认证，推进工伤保险领域有效合作，印发《长三角地区工伤保险合作专题会议纪要》《长三角地区劳动能力鉴定合作专题会议纪要》。

（二）高品质教育医疗资源加快共建共享

三省一市联合开发区域教育现代化监测（评价）指标体系。复旦大学、上海交通大学、南京大学、浙江大学、中国科学技术大学发起成立研究型大学联盟，开展智库论坛等系列合作。长三角区域急救车辆转运信息共享平台投入使用，逐步建立起统一的急救医疗网络体系。建立并完善区域养老服务协作协商机制，共同签订深化长三角区域养老合作与发展合肥备忘录，推动区域养老合作试点和合作项目开展。加强网络餐饮服务食品安全监管区域协作，建立食品药品生产经营者失信信息共享和公示机制、食品药品信用分类监管机制。

（三）就业创业合作持续深化

建立高校毕业生就业去向信息共享机制，连续11年举办长三角地区春季人才交流洽谈会暨高校毕业生择业招聘会，2019年共有千余家知名企事业参会单位推出2.2万余个工作岗位。构建长三角公共就业创业和人力资源服务联盟，围绕高校大学生就业创业、对口劳务等方面深化合作。

（四）文化旅游体育合作深入开展

启动实施长三角城市阅读一卡通、公共文化服务一网通、公共文化联展一站通、公共文化培训一体化深度合作项目。共同举办长三角公共文化和旅游产品采购大会，联合推出“长三角PASS”旅游年卡、旅游护照、惠民一卡通等文化旅游产品，探索搭建“乐游长三角”网络服务平台，开展文化旅游主题推广活动，共同打造江南水乡文旅品牌。联合制定《长三角地区体育一体化高质量发展的若干意见》。

（五）信用合作不断取得新进展

积极创建长三角国家社会信用体系建设区域合作示范区，推进环境保护、食品药品、产品质量等重点领域联合奖惩机制建设。共同建设“信用长三角”平台，推动重点领域信用信息共享和应用，截至 2020 年 5 月，已归集区域内生态环境领域行政处罚信息 2 万余条和 382 家严重失信企业名单，关联分析形成 211 家预警企业名单。围绕疫情联防联控需要，加强区域疫情防控失信人员信息共享，在“信用长三角”网站发布“长三角疫情防控失信信息”800 余条。

七、协同改革开放水平不断提升

以建设新时代改革开放新高地为统领，加快开放新平台建设，推进自贸区融合发展，全面增强市场活力，不断提升区域资源配置效率，推进更高起点的深化改革和更高层次的对外开放。

（一）重点领域改革加快推进

长三角生态绿色一体化发展示范区总体方案印发实施，示范区执委会已正式挂牌运作，沪苏浙共同召开一体化示范区建设推进大会。一体化示范区以清单制对年度重点工作作出安排，明确各项工作的牵头单位、完成时限等，正在加快形成一批软硬件成果。

（二）协同开放力度进一步加大

中国（上海）自由贸易试验区临港新片区总体方案印发实施，制定推进新片区金融开放与创新发展若干政策，洋山特殊综合保税区（一期）顺利验收。江苏自贸区获批，浙江自贸区扩区和安徽自贸区创建工作积极推进，长三角自贸区体系加快完善。沪苏浙联合签署《上海江苏浙江自由贸易试验区联动发展战略合作框架协议》，三省一市口岸部门签订《长三角国际贸易单一窗口合作共建协议》，共建长三角国际贸易“单一窗口”，实现大通关物流数据信息共享。中哈（连云港）物流合作基地、昆山两岸产业合作试验区等合作开放平台加快建设。虹桥国际开放枢纽建设方案已编制完成。

（三）协同办好博览会等重大活动

连续两年成功举办中国国际进口博览会，进一步发挥溢出效应，建成虹桥商务区保税物流中心（B型）、绿地全球商品贸易港等49个交易服务平台。成功举办世界互联网大会、世界制造业大会、世界智能制造大会等重大国际会议展会，共同提升长三角区域品牌影响力。

（四）区域营商环境不断优化

2019年5月22日，长三角“一网通办”正式开通。截至2020年6月，政务服务、公积金跨省协助查询、法院诉讼服务等65项服务事项在长三角地区实现“一网通办”，全程网办件268.45万余件，法人事项办件30.2万件，个人办件238.2万余件（全程网办全量数据），同步在41个城市共开通543个线下专窗办理点。共同制定实施《关于允许境内自然人投资设立外商投资企业管理办法》《关于持永久居留身份证外籍人士创办科技型企业的试行办法》等文件，签署落实《长三角地区市场体系一体化建设合作备忘录》《长三角地区共同优化知识产权营商环境合作意向书》，市场主体基础数据库基本建成，合力推进长三角区域知识产权执法协作。

第六节

黄河流域生态保护和高质量发展

黄河是中华民族的母亲河，是中华民族寻根溯源的精神家园，是中华民族的象征。习近平总书记指出，保护黄河是事关中华民族伟大复兴和永续发展的千秋大计，[1]并亲自谋划、亲自部署、亲自推动将黄河流域生态保护和高质量发展上升为重大国家战略。

一、党中央始终高度重视黄河流域治理和发展

黄河发源于青藏高原巴颜喀拉山北麓，自西向东呈“几”字形，流经青海、四川、甘肃、宁夏、内蒙古、陕西、山西、河

[1]《习近平在河南主持召开黄河流域生态保护和高质量发展座谈会时强调 共同抓好大保护协同推进大治理 让黄河成为造福人民的幸福河》，《人民日报》2019年9月20日。

南、山东等九省区，在山东省东营市垦利区注入渤海，干流河道长5 464公里，是我国仅次于长江的第二大河。“黄河宁、天下平”，黄河长治久安是中华民族的夙愿。

新中国成立以来，党中央始终把治理黄河作为安民兴邦的大事来抓。党的十八大以来，以习近平同志为核心的党中央着眼于“美丽中国”建设全局，深刻回答了为什么建设生态文明、建设什么样的生态文明、怎样建设生态文明的重大理论和实践问题，提出了一系列新理念新思想新战略，形成了习近平生态文明思想，并围绕系统治水作出一系列重要论述和重大部署，提出了“节水优先、空间均衡、系统治理、两手发力”的新时代治水思路，推动黄河流域治理取得根本性改观。

习近平总书记一直心系黄河流域生态保护和高质量发展，时刻牵挂沿黄省区人民群众的生产生活。2016年7月19日，习近平总书记在宁夏考察时强调，要加强黄河保护，坚决杜绝污染黄河行为，让母亲河永远健康。2018年、2019年“两会”期间，习近平总书记在参加内蒙古代表团审议时强调指出，要抓好乌梁素海等湖泊生态综合治理，打好污染防治攻坚战。2019年8月19日至22日，习近平总书记在甘肃考察时强调指出，治理黄河，重在保护，要在治理。要坚持山水林田湖草综合治理、系统治理、源头治理，统筹推进各项工作，加强协同配合，共同抓好大保护，协同推进大治理，推动黄河流域高质量发展，让黄河成为造福人民的幸福河。2019年9月18日，习近平总书记在河南郑州主持召开黄河流域生态保护和高质量发展座谈会并发表重要讲话指出，黄河流域生态保护和高质量发展，同京津冀协同发展、长江经济带发展、粤港澳大湾区建设、长三角一体化发展一样，是重大国家战略。2020 年 1 月 3 日，习近平总书记主持召开中央财经委员会第六次会议，强调黄河流域必须下大气力进行大保护、大治理，走生态保护和高质量发展的路子。2020 年 6 月 8 日至 10 日，习近平总书记在宁夏视察期间发表重要讲话，强调要把保障黄河长治久安作为重中之重，更加珍惜黄河，精心呵护黄河，推进水资源节约集约利用，统筹推进生态保护和环境治理，努力建设黄河流域生态保护和高质量发展先行区。习近平总书记的重要讲话和指示精神，为我们推动黄河流域生态保护和高质量发展指明了方向，提供了根本遵循。

在党中央的坚强领导下，经过 70 多年一代接一代人的艰辛探索和不懈努力，黄河流域生态保护和高质量发展取得了巨大成就，实现了黄河治理从被动到主动的历史性转变，黄河频繁决口改道、下游频繁断流的态势得到扭转，创造了黄河岁岁安澜的历史奇迹。黄河流域经济社会发展发生翻天覆地变化，人民群众获得感、幸福感、安全感显著提升，2019 年沿黄九省区地区生产总值比 2012 年增长 58.5%，充分彰显了社会主义制度的巨大优势，在中华民族治理黄河的历史上书写下新的篇章。

二、巩固黄河防洪安全取得显著成效

黄河是世界上最难治理的河流之一，特有的水沙条件决定了黄河洪水防御调度难、洪水威胁大，下游河道是“地上悬河”，一旦决口，将带来难以估量的损失。人民治黄以来，特别是党的十八大以来，我国在黄河流域先后实施了一系列水沙调控和防洪治理工程，基本形成了以全流域干支流水库、两岸堤防和蓄滞洪区等组成的“增水、减沙、调控水沙”的水沙调控体系和“上拦下排、两岸分滞”的防洪工程体系。通过防洪工程运用和沿黄广大军民的严密防守，新中国成立以来，我国先后12次成功战胜花园口水文站洪峰流量超过10 000立方米每秒的大洪水，彻底扭转了历史上黄河下游频繁决口改道的险恶局面，进一步巩固了黄河我国北方地区重要的生态屏障。

黄河下游滩区作为黄河河道的组成部分，既是黄河行洪、滞洪、沉沙的场所，也是190万滩区群众赖以生存的家园，长期受制于洪水威胁，经济发展较为滞后。为保障滩区群众生命财产安全，加快滩区群众脱贫致富，2017年，国家发展改革委分别印发《河南省黄河滩区居民迁建规划》《山东省黄河滩区居民迁建规划》，向河南、山东两省补助资金108.02亿元（其中河南省48.02亿元、山东省60亿元），支持两省通过采取外迁、就地避洪（包括就地就近筑村台、筑堤保护、旧村台改造提升）、临时撤离等多种安置方式，分阶段将河南省滩区地势低洼、险情突出的24.32万人整村外迁安置，全面解决山东省60.62万滩区群众防洪安全和安居问题。

三、生态环境持续明显向好

黄河流域横跨青藏高原、内蒙古高原、黄土高原、华北平原等四大地貌单元和我国地势三大台阶，拥有黄河天然生态廊道和三江源、祁连山、若尔盖等多个重要生态功能区域。同时，黄河流域也是我国水土流失分布较为集中的区域，特别是黄河中游黄土高原地区塬梁峁川相间，植被较为稀疏，水土流失面积达40多万平方公里，是我国水土流失面积最大、强度最高的地区。此外，黄河流域也是我国生态类型最丰富多样的区域之一，区域内包含了冰川、草地、森林、湖泊湿地、荒漠等多种生态类型。

近年来，我国不断加大对黄河流域生态保护的投入力度，黄河流域生态系统总体稳定向好，生态服务功能逐渐恢复，黄河流域北方重要生态屏障的地位和作用进一步巩固。黄河上游源头区高寒生态系统退化趋势得到初步遏制；中游黄土高原区水土保持治理成效显著，荒漠化沙化治理实现“人进沙退”；下游湿地生态保护不断强化，受损湿地生态逆向演替实现了根本性扭转。

上游三江源高寒生态系统退化趋势得到初步遏制，生态系统服务功能凸显。黄河上游的三江源生态功能区是长江、黄河、澜沧江的发源地，名副其实的“中华水塔”。为最大限度保护三江源重要生态功能，2005 年以来，我国先后启动实施三江源草原草甸湿地生态功能区修复第一、二期工程，累计投资 214 亿元，系统实施三江源环境保护修复；2011 年，建立三江源国家生态保护综合试验区，对三江源地区生态保护治理力度不断加大，区域内河湖湿地水域生态状况不断改善，高寒湿地面积稳定增长，扎陵湖、鄂陵湖等国际重要湿地水质常年优良。2016 年 6 月，三江源国家公园体制试点作为全国首个国家公园正式启动建设，在法律政策、执行标准和规划管理等方面深入探索，为全国起到了引领示范作用。

中游沙漠化防治和水土流失综合治理不断推进，生态恶化趋势得到有效遏制。沙漠化防治方面，我国在内蒙古、山西、陕西等省区实施了京津风沙源治理工程，并在沿黄省区设立了 31 个全国防沙治沙综合示范区。通过实施多项重大工程措施，我国在防沙治沙政策、技术、综合治理路径等方面积累了较为丰富的经验技术，荒漠化沙化防治工作取得重要进展，荒漠化沙化趋势基本得到有效控制，林草植被覆盖率显著提高。库布齐沙漠治理成效显著，被联合国评为“全球沙漠生态经济示范区”。水土流失治理方面，经过长期探索实践，目前，黄河中游水土流失状况明显改善，入黄泥沙大幅减少，两岸人民生产生活条件明显改善，治理水土流失的体系和能力建设日趋成熟，水土流失治理正发生着由“局部好转、整体恶化”向“整体好转、局部良好”发展的历史性转变。

下游河口三角洲湿地生态逐步恢复，生态退化局面得到有力扭转。20世纪80年代以来，受黄河断流、沿黄地区引水量增加等因素影响，黄河三角洲湿地水量明显减少，湿地萎缩，出现海水倒灌、土地侵蚀等问题。近20年来，通过加大黄河流域调水调沙和水资源调控力度，实施改良退化湿地、修筑沿海围堤、增加湿地淡水存量等措施，黄河实现连续20年不断流，黄河三角洲湿地生态环境不断改善，鸟类数量达360余种，湿地生态系统的自我调节能力和平衡作用明显增强。

四、沿黄城市群加快建设

黄河流域是新亚欧大陆桥经济走廊、中蒙俄经济走廊的重要组成部分，也是促进中西部内陆地区与东部沿海地区对外开放合作的重要纽带，人口众多，经济腹地广阔，总体处于工业化、城镇化快速发展阶段，在我国经济社会发展中具有全局性地位。2019年，沿黄九省区主要经济数据见表3–2。

表3–2 沿黄九省区主要经济数据

省区	GDP/亿元	人均GDP/万元	固定资产投资增速/%	社会消费品零售总额/亿元	进出口总额/亿元	地方一般公共预算支出/亿元
青海	2 965.95	4.90	5	880.75	37.25	1 863.74
四川	46 615.8	5.58	8.6	20 144.3	6 765.9	10 349.6
甘肃	8 718.3	3.30	6.6	3 700.3	379.9	3 956.72

续表

省区	GDP/亿元	人均 GDP/万元	固定资产投资增速 /%	社会消费品零售总额 / 亿元	进出口总额 / 亿元	地方一般公共预算支出 / 亿元
宁夏	3 748.48	5.42	-10.3	984.5	240.62	1 438.4
内蒙古	17 212.5	6.79	6.8	7 610.6	1 095.7	5 097.9
山西	17 026.68	4.57	9.3	7 909.2	1 446.9	4 713.1
陕西	25 793.17	6.66	2.5	9 598.73	3 515.75	2 287.73
河南	54 259.2	5.64	8	22 733.02	5 711.63	10 176.26
山东	71 067.5	7.07	-8.4	35 770.6	20 420.9	10 736.8
合计	247 407.58	5.87	—	10 9332	39 614.55	50 620.25
全国	990 865	7.09	5.4	411 649	315 505	238 874
占全国比重 /%	24.97	—	—	26.56	12.56	21.19

资料来源：国家统计局官网。

（一）城市群成为区域发展的主平台

2020 年 1 月，习近平总书记主持召开中央财经委员会第六次会议，强调要推进兰州—西宁城市群发展，推进黄河“几”字弯都市圈协同发展，强化西安、郑州国家中心城市的带动作用，发挥山东半岛城市群龙头作用，推动沿黄地区中心城市及城市群高质量发展。国家“十三五”规划纲要明确的 19 个城市群中，中原、关中、呼包鄂榆、兰州—西宁、山西中部、宁夏沿黄等都位于黄河流域，其中，中原、关中、呼包鄂榆、兰州—西宁 4 个城市群是跨省区城市群。近年来，沿黄城市群发展不断提速，城市群内部分工协作更加科学合理，并形成了郑州、西安、济南等一批经济体量大、辐射能力强、对区域经济快速增长有较强支撑作用的大中城市，郑州地区生产总值已破万亿元，兰州、呼和浩特、银川、西宁等省会城市的带动能力也不断增强。同时，沿黄城市群人口集聚能力也在显著提升，据统计，西安、郑州常住人口均已突破千万，济南常住人口接近 900 万人。

（二）交通基础设施支撑能力不断增强

沿黄省区铁路、公路网络日益完善，铁路营运里程占全国的三分之一左右，公路里程占全国的近 30%，90% 以上的县城通二级以上的公路，农村公路基本覆盖所有乡镇和建制村，快速铁路网、高速公路网基本形成，城际、城市和农村交通服务能力不断增强，现代化综合交通枢纽场站一体化衔接水平不断提升，日益成熟的交通运输网络逐渐成为区域协调发展的重要保障。同时，随着经济社会快速发展，各地对社会物流需求显著增加，快递下乡、电商物流等新需求也带来了物流行业的“井喷式”发展，黄河流域铁路、民航客运量快速增长。2019 年，沿黄省区（不包括四川）总客运量达 33.76 亿人次，占全国比重为 19.2%；货运量为 117.91 亿吨，占全国比重为 25.1%，其中铁路货运量和公路货运量为 26.11 亿吨和 88.28 亿吨，分别占全国的比重为 60.5% 和 25.7%，尤其是铁路货运量总额超过全国的一半以上（见表 3–3）。

表 3–3　沿黄省区（不含四川）客货运服务情况

省区	客运量 / 万人	货运量 / 万吨	铁路货运量 / 万吨	公路货运量 / 万吨
青海	6 313	14 945	3 223	11 722
甘肃	42 133	63 610	5 366	58 228
宁夏	5 754	42 511	8 151	34 360
内蒙古	12 158	182 702	71 828	110 874
山西	22 305	192 192	91 321	100 847
陕西	70 761	154 749	44 751	109 801
河南	109 297	219 024	10 905	190 883
山东	68 920	309 410	25 527	266 124
合计	337 641	1 179 143	261 072	882 839
全国	1 760 435.69	4 706 493	431 773	3 435 480
占全国比重 /%	19.2	25.1	60.5	25.7

资料来源：国家统计局官网。

（三）跨区域合作不断深化

沿黄各省区充分挖掘自身资源、区位、产业发展潜力，突出特点特色，不断加强区域间协作联动，积极在国家经济布局中谋划符合自身发展特点的功能与定位。如山东正在建设国家新旧动能转换综合试验区，与内蒙古、陕西、宁夏共同打造“外电入鲁”大通道；河南联合周边地区成立了中原经济区，探索协同推进高质量发展的路子；内蒙古、陕西、甘肃、宁夏合作建设能源金三角，为我国经济发展提供强大能源支撑；内蒙古、陕西、宁夏共同打造呼包银榆经济区，形成西部地区重要的经济增长点；山西、陕西、河南交界的黄河金三角地区正积极探索省际交界地区合作发展新路径；青海、甘肃、宁夏三省区正积极谋划建设“黄河上中游经济区”，打造民族地区、欠发达地区和资源性地区可持续发展新格局。

五、全国重要农牧业和能源基地地位进一步巩固

黄河流域是我国重要的农业地带，分布有黄淮海平原、汾渭平原、河套灌区等国家商品粮基地和青藏高原、内蒙古高原等畜牧业产区，也是我国主要的能源、化工、原材料和基础工业基地，煤炭、石油、天然气和有色金属资源丰富。

（一）农牧业优势明显

黄河流域是农耕文化的发源地，现有耕地 4 000 万公顷左右，约占全国耕地面积的 30%。沿黄九省区中，河南、山东、内蒙古等都是产粮大省，2019 年，三省区粮食产量分别位居全国第二、三、八位。从区位上看，上游青藏高原和内蒙古高原是我国主要的畜牧业基地；西宁、兰州、天水以北，长城以南的广阔黄土高原，以及汾渭盆地、宁蒙河套平原、下游沿黄平原和湟水、洮河等支流河谷地区，水热条件较好，土地资源丰富，农业生产水平较高，是我国重要的农耕区和重要的商品粮基地。2019 年，沿黄九省区粮食总产量 23 438.1 万吨，占全国的 35.3%；肉类产量

2 641.7 万吨，占全国的 32.2%；油料产量 1 703.97 万吨，占全国的 48.8%；水果产量 10 694.89 万吨，占全国的 39%（见表 3–4）。

表 3–4　沿黄九省区主要农作物产出情况　　单位：万吨

省区	粮食总产量	肉类	油料	水果
青海	105.54	37.41	28.88	3.69
四川	3 498.5	559.53	367.35	1 136.7
甘肃	1 162.58	101.67	63.2	710.09
宁夏	373.15	33.53	7.66	258.64
内蒙古	3 652.54	264.56	228.68	280.41
山西	1 361.8	91.02	13.7	862.67
陕西	1 231.13	109.53	60.1	2 012.79
河南	6 695.36	560.42	645.45	2 589.66
山东	5 357	704.02	288.95	2 840.24
合计	23 437.6	2 461.69	1 703.97	10 694.89
全国	66 384	7 649	3 495	27 400.84
占全国比重 /%	35.3	32.2	48.8	39

资料来源：国家统计局官网。

（二）能源地位重要

黄河流域能源资源储量丰富，分布广泛且相对聚集，是国家能源资源富集区，也是全国主要的煤炭电力、石油化工等重工业产业基地。流域内共有资源型城市 75 个，占全国的 28.6%；煤炭储量

1 881亿吨，占全国的75%；天然气储量2.02万亿立方米，占全国的37.2%；石油储量11.95亿吨，占全国的34%；水电可能开发量4 152.2万千瓦，占全国的9.1%。煤炭资源主要分布在上中游的山西、内蒙古、陕西，其中，山西916.2亿吨，内蒙古510.3亿吨，陕西162.9亿吨，分别占全国的36.8%、20.5%和6.5%。石油资源主要分布在山东、陕西和甘肃，其中，陕西3.8亿吨，山东2.9亿吨，甘肃2.8亿吨，分别占全国的11%、8.4%和8.1%。天然气资源主要分布在内蒙古、山东，其中，内蒙古9 630.5亿立方米，山东7 802.5亿立方米，分别占全国的17.7%和14.4%。除四川外，其余八省区2019年火电、风电、太阳能发电装机量分别为4.3亿千瓦、9 813.3万千瓦和8 745.0万千瓦，分别占全国的36.3%、46.7%和43.7%；发电量分别为1.9万亿千瓦时、1 766.9亿千瓦时和1 042.2亿千瓦时，分别占全国的37.3%、43.5%和46.6%（见表3-5）。

表3-5 沿黄省区（不含四川）电源装机量和发电量

省区	装机量/万千瓦				发电量/亿千瓦时			
	水电	火电	风电	太阳能发电	水电	火电	风电	太阳能发电
青海	1 192	393	462	1 122	43.7	97.8	—	—
甘肃	943	2 104	1 297	924	554	104	66	158
宁夏	43	3 219	1 116	918	22	1 381	186	115
内蒙古	239	8 721	3 007	1 081	58	4 564	666	163

续表

省区	装机量 / 万千瓦				发电量 / 亿千瓦时			
	水电	火电	风电	太阳能发电	水电	火电	风电	太阳能发电
山西	223	6 687	1 251	1 088	49	2 852	224	128
陕西	391	4 380	532	939	129	1 917	83	91
河南	408	7 050	794	1 054	145	2 481	88	102
山东	108	10 713	1 354	1 619	5	4 680	225	167
合计	3 547	43 267	9 813	8 745	1 459	18 796	1 766	1 042
全国	35 640	119 055	21 005	20 468	13 019	50 450	4 057	2 238

资料来源：中国电力企业联合会2019年统计数据。

六、黄河文化保护传承弘扬力度空前

黄河流域是中华文明的重要发祥地，孕育了河湟文化、河洛文化、关中文化、齐鲁文化等优秀传统文化，是我国汉、回、藏、蒙等多民族聚居地区，创造了丰富多彩的民族文化。同时，黄河流域也是近代中国革命的摇篮，拥有陕甘宁、晋冀鲁豫等革命老区和根据地，以延安精神、焦裕禄精神、沂蒙精神为代表的红色精神是党和人民的宝贵精神财富。

黄河流域生态保护和高质量发展上升为重大国家战略以来，有关部门和沿黄省区不断加大黄河文化保护、传承、弘扬力度，相关省份立足本地区文化旅游资源，正加快研究推动黄河流域生态保护和高质量发展战略背景下本省区的黄河文化保护传承利用工作，研究谋划一批黄河文化保护传承弘扬重大工程。沿黄九省区45家博物馆成立了黄河流域博物馆联盟，将携手共讲黄河故事，联合推出黄河文明系列巡回展，担当起保护、传承、弘扬黄河文化的使命。陕西省制定了《2020年陕西省黄河文化保护传承弘扬工作计划》，健全黄河文化保护传承弘扬规划体系，着力推动黄河文旅融合项目建设，完善黄河流域公共文化服务体系，实施黄河文化遗产系统保护工程。青海省把以河湟文化为代表的黄河文化的保护传承弘扬作为工作重点，集中力量抓实抓细抓落地，正编制本省黄河文化保护传承弘扬专项规划，打造河湟文化品牌。河南省沿黄地区历史文化底蕴深厚，文物古迹资源十分丰富。河南已成立黄河文化保护传承弘扬专家委员会，正在加快推动编制本省黄河文化保护传承弘扬专项规划，加强黄河文化的系统性保护和弘扬。

第七节

四大板块发展

习近平总书记高度重视四大板块协调发展，多次作出指示批示，分类助推四大板块高质量发展，强化举措推进西部大开发形成新格局，深化改革加快东北等老工业基地振兴，发挥优势推动中部地区崛起，创新引领率先实现东部地区优化发展。

2016 年以来四大板块地区生产总值季度增速见表 3–6。

表 3–6　2016 年以来四大板块地区生产总值季度增速　　单位: %

地区	2016 年				2017 年			
	一季度	上半年	前三季度	全年	一季度	上半年	前三季度	全年
东北地区	1.9	2.2	1.8	2.5	4.3	4.4	4.4	5.1
西部地区	7.9	8.0	8.0	8.2	8.3	8.3	7.8	7.8
中部地区	7.7	7.8	7.9	8.0	7.8	8.0	8.0	8.0
东部地区	7.5	7.6	7.5	7.5	7.5	7.5	7.4	7.2
全国	6.7	6.7	6.7	6.7	6.8	6.8	6.8	6.8

续表

地区	2018 年				2019 年			
	一季度	上半年	前三季度	全年	一季度	上半年	前三季度	全年
东北地区	4.5	4.7	5.0	5.1	5.0	4.4	4.3	4.5
西部地区	7.7	7.4	7.4	7.4	7.2	6.9	6.9	6.7
中部地区	7.9	7.9	7.7	7.8	7.9	7.8	7.7	7.3
东部地区	6.7	6.9	6.7	6.7	6.5	6.4	6.3	6.2
全国	6.8	6.8	6.7	6.6	6.4	6.3	6.2	6.1

资料来源：国家统计局国民经济与社会发展统计公报。

一、强化举措推进西部大开发形成新格局

西部地区包括重庆、四川、贵州、云南、西藏、陕西、甘肃、青海、宁夏、新疆、内蒙古和广西 12 省（区、市），总面积约 687 万平方公里，占全国国土面积的 72%，人口约 3.8 亿人，占全国总人口的 27%。西部地区在维护国家国防安全、生态安全、能源安全、边疆稳定、民族团结等方面具有十分重要的战略地位。实施西部大开发 20 年来，特别是党的十八大以来，在以习近平同志为核心的党中央坚强领导下，全国人民大力支持，西部地区广大干部群众艰苦奋斗，经济社会发展取得了历史性成就，为决胜全面建成小康社会奠定了比较坚实的基础，也扩展了国家发展的战略回旋空间。2012—2019 年，西部地区生产总值从 11.4 万亿元增加到 20.5 万亿元，年均增长 8.4%，高于全国平均水平。习近平总书记多次就西部大开发作出重要指示和重要批示，2020 年 5 月 17 日，《中共中央国务院关于新时代推进西部大开发形成新格局的

指导意见》公开发布，为新时代深入实施西部大开发战略指明了方向。

（一）脱贫攻坚取得决定性进展

党的十八大以来，各地区各部门聚焦“两不愁三保障”突出问题，紧盯“三区三州”[1]等深度贫困地区，统筹整合各类资源，集中力量攻坚克难，因地制宜深入推进产业扶贫、就业扶贫、生态扶贫、教育扶贫、旅游扶贫，强化东西部扶贫协作和定点扶贫，脱贫攻坚工作取得明显成效。2012—2019 年，西部农村贫困人口由 5 086 万人减少到 323 万人，贫困发生率由 17.5% 下降到 1.1%。截至 2019 年底，西部地区 90% 以上的贫困县实现脱贫摘帽，“三区三州”农村居民人均可支配收入达到 11 127 万元。西部地区易地扶贫搬迁建设任务完成，大部分搬迁人口实现脱贫，易地扶贫搬迁安置住房及大型安置点配套教育、医疗设施建设取得积极进展。

（二）基础设施更加完善

党的十八大以来，西部地区交通运输网络不断拓展加密，空间可达性大幅提升。

[1]“三区三州”的“三区”是指西藏自治区，青海、四川、甘肃、云南四省涉藏州县，新疆维吾尔自治区和田地区、阿克苏地区、喀什地区、克孜勒苏州；“三州”是指四川凉山州、云南怒江州、甘肃临夏州。

铁路方面，截至 2019 年底，西部地区铁路营业里程 5.6 万公里，占全国铁路营业里程的 40%；其中高速铁路营业里程 9 630 公里，占全国高铁营业里程的 27%。广西、贵州、四川、甘肃高铁营业里程突破 1 000 公里，高铁已连接西部大部分省会城市和 70% 以上的大城市。浩吉铁路（内蒙古浩勒报吉至江西吉安）开通运营，增强了北煤南运通道能力。沿江高铁、西成铁路、渝昆高铁、贵阳至南宁高铁等铁路干线项目建设加快推进。川藏铁路沿线地质条件基本摸清，规划建设方案基本稳定。

公路方面，截至 2019 年底，西部地区高速公路里程总计 5.8 万公里，占全国高速公路总里程的 38%。7 个西部省区里程突破 5 000 公里，四川、贵州两省高速公路位居全国前五名。目前，西部地区在建高速公路及国家级、省级干线公路规模超过东中部地区总和，具备条件的乡镇、建制村通硬化路任务全面完成。

民航方面，截至 2019 年底，西部地区民航机场 115 个，占全国的比重为 48.9%（见表 3–7）。5 个西部省区的民航机场数突破 10 个，其中新疆达到 21 个。成都、昆明、重庆、西安等机场客运吞吐量稳居全国前十名。成都天府机场、贵阳机场三期改扩建工程等项目稳步推进，呼和浩特新机场、乌鲁木齐机场改扩建等工程开工建设，甘孜机场、梧州机场（迁建）等建成通航。

此外，水运方面，推进实施广西贵港至梧州 3 000 吨级航道、青海龙羊峡—拉西瓦航运建设等工程。邮政方面，西部地区全面实现建制村直接通邮，截至 2019 年底，7 个西部省区实现乡镇快递

表 3–7　西部地区民航机场数量

地区	2019 年底民用机场数量 / 个	占全国比重 /%
新疆	21	8.9
云南	15	6.4
四川	15	6.4
内蒙古	13	5.5
贵州	11	4.7
地区合计	115	48.9
全国合计	235	100.0

资料来源：根据民航局行业统计公报整理。

网点全覆盖。水利方面，开工建设新疆玉龙喀什水利枢纽等工程，滇中引水、引洮二期和西江大藤峡水利枢纽等项目建设加快推进。截至 2019 年，西部地区农村饮水安全巩固提升工程受益人口突破 2 500 万人。能源方面，西气东输、西电东送等一批重大能源工程相继竣工，最后一批无电人口用电问题有效解决。澜沧江乌弄龙水电站、中广核德令哈光热发电等项目投产，西藏阿里与藏中电网联网工程开工建设。通信方面，新一代信息基础设施建设工程加快实施，西部农村边远地区信息网络覆盖水平进一步提高。

（三）国家生态安全屏障得到巩固

党的十八大以来，西部地区深入实施退耕还林还草、退牧还草、天然林保护、三北防护林、石漠化综合治理、京津风沙源治理二期等重点生态工程。截至 2019 年底，西部地区累计实施退耕还林还草 1.37 亿亩，森林覆盖率进一步提高。经国务院同意，西部贫困地区陡坡耕地梯田、重要水源地 15° ～ 25° 坡耕地、严重污染耕地等 1 843.3 万亩土地纳入退耕还林还草范围。以国家公园为主体的自然保护地体系稳步构建，祁连山、三江源、大熊猫等国家公园体制试点有序推进。森林、草原、湿地等重要生态系统得到有效保护和恢复，生态环境持续改善。四川、宁夏等省区完成生态保护红线划定。建立健全生态补偿机制，鼓励加快推进流域上下游横向生态保护补偿机制建设，促进西部地区生态产品实现公益性价值。四川、贵州、云南等省区实现省内流域横向生态补偿机制全覆盖。中央财政设立重点生态功能区转移支付，提高西部生态功能脆弱地区、自然保护区等生态功能重要地区所在地政府的基本公共服务保障能力。

（四）区域增长极加快形成

习近平总书记亲自谋划、亲自部署、亲自推动西部地区中心城市及城市群高质量发展。中央财经委员会第六次会议提出，推动成渝地区双城经济圈建设，推进兰州—西宁城市群发展，推进黄河“几”字弯都市圈协同发展，强化西安国家中心城市的带动作用。西部地区区域经济增长极和高质量发展的重要动力源加快形成。

党的十八大以来，西部中心城市和城市群等经济发展优势区域在西部大开发中的重要作用进一步凸显。西部多个省会（首府）城市地区生产总值首位度（地区生产总值最高的城市在本省区占比）在全国排名靠前，西宁、银川在50%左右，成都、西安、兰州等城市超过30%，对区域发展的引领带动作用更加突出。户口迁移政策进一步调整完善，西部省会（首府）以外城市落户限制全面放开。从市辖区人口看，截至2018年底，西部地区400万以上人口地级及以上城市3个（重庆、成都、西安），200万～400万人口地级及以上城市8个（南宁、贵阳、昆明、兰州、乌鲁木齐、柳州、绵阳、遵义），100万～200万人口地级及以上城市31个（见表3-8），50万～100万人口地级及以上城市22个。

表3-8　西部地区市辖区人口100万人以上的地级及以上城市

市辖区人口数/万人	城市数量/个	明细
400以上	3	重庆、成都、西安
200~400	8	南宁、贵阳、昆明、兰州、乌鲁木齐、柳州、绵阳、遵义
100~200	31	四川12个，广西7个，内蒙古3个，陕西3个，贵州2个，甘肃2个，云南1个，宁夏1个

资料来源：《中国统计年鉴2019》。

（五）现代产业体系基本形成

党的十八大以来，西部地区坚持以供给侧结构性改革推动产业转型升级，科技创新对西部地区产业发展的支撑作用不断强化，新旧动能转换持续推进，一批国家重要的能源基地、资源深加工基地、装备制造业基地和战略性新兴产业基地在西部地区培育壮大。成渝地区双城经济圈大力发展人工智能、集成电路、物联网、生物医药等战略性新兴产业，陕西积极培育先进装备、智能制造等新动能。大数据、健康养生、旅游文创等新产业新业态蓬勃发展，互联网、大数据、人工智能和实体经济深度融合发展。科技援疆、援藏、援青、支宁、入滇、兴蒙等东西部科技合作机制进一步完善，推动更多创新资源向西部地区聚集。能源资源等传统产业加快结构性调整，风能、光伏等新能源产业加快发展，弃风率、弃光率均下降至 7% 以下，煤炭等化石能源清洁化利用积极推进。贵州毕水兴、新疆准噶尔盆地南缘等煤层气产业化基地建设积极推进。

（六）对外开放迈上新台阶

党的十八大以来，西部地区各省区市积极参与和融入“一带一路”建设，为我国形成陆海内外联动、东西双向互济的对外开放新格局发挥了重要支撑作用。经党中央、国务院批准，在重庆、四川、陕西、广西、云南等省（区、市）设立自由贸易试验区。西部地区综合保税区、口岸等对外开放功能平台也进一步增加。以规划出台为引领，西部陆海新通道建设步伐加快。中欧班列量质齐升，西部地区年开行列数已突破 5 000 列，增速持续在高位运行，重庆、成都、西安等地年开行列数突破 1 000 列，位居全国城市前列。中老铁路、中巴公路、中缅油气管道等跨境重大项目建设稳步推进。新疆加快建设丝绸之路经济带核心区，“霍尔果斯—东大门”无水港项目顺利运营，国际公路运输公约在中哈边境公路口岸全面实施并在全国推广。中国—东盟博览会、中国西部国际博览会、丝绸之路国际博览会暨中国东西部合作与投资贸易洽谈会等展会成功举办，国际影响力不断提高。

（七）深化改革取得新进展

党的十八大以来，西部地区加快深化改革步伐。西部各省区市持续深化“放管服”改革，大力改善营商创业环境。贵州全面推行政务服务“一网通办”，企业开办时间平均压缩至 3 天。西藏推行多规合一，工程审批周期从 283 天压缩到 100 天以内，超额完成国务院提出的 120 天目标。宁夏等地简化外商投资备案管理，实现外资企业设立“不见面、零收费、跑一趟”。地方国有企业混合所有制改革试点有序推进，包头钢铁（集团）有限责任公司等企业完成公司治理机制重构、激励制度化建设等试点主体任务，改革后经营状况持续改善，主营业务收入和利润实现大幅增长。四川深化电价改革，超额完成一般工商业平均电价再降低 10% 的目标任务。

（八）社会民生保障能力持续提高

党的十八大以来，西部地区人民群众获得感、幸福感、安全感不断上升。2019 年，西部城镇和农村居民人均可支配收入分别达到 3.5 万元和 1.3 万元，分别是 2012 年的 1.7 倍和 2.2 倍。国家对西部地区社会民生各领域投入不断加大，支持西部地区学前教育提质扩容、义务教育学校建设、教育基础薄弱县普通高中建设、职业教育产教融合建设和西部高校基础能力建设，西藏、南疆四地州学校项目和新疆、新疆兵团义务教育学校、普通高中项目建设资金原则上由中央预算内投资全额安排，西部地区农村义务教育学校校舍安全保障长效机制中央财政分担比例由 50% 提高至 80%。截至 2019 年，国家数字教育资源公共服务体系已接入西部 9 个省级平台、10 个市级平台和 19 个区级平台。农村三级卫生机构建设稳步推进，新型农村合作医疗制度参合率显著提高，覆盖城乡的社会保障体系初步建立。在云南、新疆试点建设区域医疗中心。支持对西部地区 309 个国家级贫困县建设临床专科。西部城镇公共基础设施建设加快推进，城市和县城污水处理厂处理能力突破 4 000 万吨 / 日。兴边富民行动深入推进，民族团结不断巩固。

二、深化改革加快东北等老工业基地振兴

东北地区包括东北三省（辽宁省、吉林省、黑龙江省）和内蒙古自治区东部五盟市（呼伦贝尔市、兴安盟、通辽市、赤峰市和锡林郭勒盟，以下简称蒙东地区），总面积约 145 万平方公里，是我国重要

的工业和农业基地，维护国家国防安全、粮食安全、生态安全、能源安全、产业安全的战略地位十分重要，关乎国家发展大局。截至 2019 年底，东北地区总人口约 1.2 亿人，地区生产总值约 5.6 万亿元，人均 GDP 约 4.6 万元（见表 3–9）。

表 3–9　东北地区基本情况

地区	面积/万平方公里	人口/万人	地区生产总值/亿元	人均 GDP/万元
辽宁	14.8	4 352	24 910	5.7
吉林	19.0	2 691	11 727	4.4
黑龙江	44.0	3 751	13 613	3.6
蒙东地区	67.1	1 270	5 487	4.3
合计	144.9	12 064	55 736	4.6

资料来源:《中华人民共和国行政区划简册2018》，各地2019年国民经济与社会发展统计公报。

党的十八大以来，习近平总书记多次赴东北地区考察，多次召开专题座谈会，作出系列重要讲话、重要指示和重要批示，为新时代推进东北全面振兴、全方位振兴指明了方向、提供了根本遵循。2014 年 8 月，国务院出台《关于近期支持东北振兴若干重大政策举措的意见》。2016 年 2 月，中共中央、国务院印发《关于全面振兴东北地区等老工业基地的若干意见》，标志着新一轮东北振兴战略正式启动实施，也标志着东北振兴进入全面振兴的新阶段。2016

年 11 月，国务院出台《关于深入推进实施新一轮东北振兴战略 加快推动东北地区经济企稳向好若干重要举措的意见》。党的十九大报告提出“深化改革加快东北等老工业基地振兴”，党中央、国务院对支持东北地区深化改革创新推动高质量发展作出重要部署，提出新的要求。2018 年 9 月，习近平总书记在东北三省考察并主持召开深入推进东北振兴座谈会时指出，要坚持新发展理念，解放思想、锐意进取，瞄准方向、保持定力，深化改革、破解矛盾，扬长避短、发挥优势，以新气象新担当新作为推进东北振兴。[1] 2019 年 8 月，习近平总书记在主持召开中央财经委员会第五次会议时指出，下一步，特别是“十四五”时期，要有新的战略性举措，推动东北地区实现全面振兴。[2]

国家发展改革委深入贯彻习近平总书记关于东北全面振兴重要论述精神，会同有关部门不断完善“1+N+X”政策体系。在各方面的共同努力下，东北全面振兴取得了积极进展，经济运行逐步企稳，营商环境进一步优化，结构调整扎实推进，粮食综合生产能力显著提高，基础设施不断完善，社会事业蓬勃发展，人民生活水平不断提高。

[1]《习近平在东北三省考察并主持召开深入推进东北振兴座谈会时强调 解放思想锐意进取深化改革破解矛盾 以新气象新担当新作为推进东北振兴》，《人民日报》2018 年 9 月 29 日。

[2]《推动形成优势互补高质量发展的区域经济布局》（2019 年 8 月 26 日），《求是》2019 年第 24 期。

（一）推动体制机制改革，重点领域取得积极成效

营商环境不断优化。近年来，东北地区着力完善体制机制，深入推进“放管服”改革，2019 年在 21 个城市率先开展营商环境试评价，以评促改推动优化营商环境。成立东北振兴金融合作机制，2018 年、2019 年连续开展“金融助振兴”系列活动，改善融资环境，累计签约项目超过 180 个，签约额约 4 400 亿元。辽宁出台了全国首部省级《优化营商环境条例》，设立了第一个省级营商环境监督机构，全面打造营商环境最佳体验地。吉林坚持把营商环境建设放在改革首位，省市县各级 100 个高频事项实现“最多跑一次”，让居民和企业少跑腿、好办事、不添堵。黑龙江着力打造“办事不求人”品牌，累计取消和下放行政权力 2 402 项，真正把该管的管好、该放的放到位。与过去相比，东北地区营商环境不断改善，一些企业家表示“投资不过山海关”已是过去时，纷纷前往东北地区投资兴业。

国企改革走向深入。2017 年，国务院办公厅印发《加快推进东北地区国有企业改革专项工作方案》。有关方面积极支持东北地区国有企业参与混合所有制改革试点，2019 年将 20 家东北国企纳入第四批混改试点，占全国 1/8，一些国企混改取得了良好成效。国有企业“三供一业”分离移交全面完成，地方国企厂办大集体改革取得重要进展，黑龙江、辽宁总体完成改革。辽宁与招商局集团成功牵手，基本完成沿海港口整合；吉林“一企一策”推进昊融集

团、通钢集团等成功实施市场化重组；黑龙江龙煤、农垦、森工改革取得重要进展。

案例 3-1

东北地区国企混改案例

案例 1 东北特钢 2016 年陷入严重的经营和债务危机后进行破产重整，2017 年 8 月以市场化方式引入了全国最大的民营钢铁企业江苏沙钢集团，自当年 9 月起主要生产指标开始好转，10 月创下 2011 年来首次盈利，订单量连续刷新。2018 年以来，产品结构不断优化，彻底走出破产“泥潭”。

案例 2 东北制药曾经常年面临生产线停滞、经营大幅亏损的不利局面，2018 年引入战略投资者民营企业方大集团，将监督建议、流程管控、财务管理三项制度引入东北制药。集团由内而外焕发出勃勃生机，当年营业收入同比增长 31.5%，利润总额增长 109%，员工薪资增长 60% 以上，打了一场漂亮的“翻身仗”。

民营经济加快发展。近年来，东北地区民营经济发展态势总体良好，民营企业发展活力不断增强，就业、纳税等社会贡献突出，在地区经济中的支撑作用趋于稳固。从经济总量看，东北三省民营经济增加值占地区生产总值的比重已超过50%。从市场主体看，民营企业数量逐年快速增长。从创新能力看，忠旺集团、东软集团、沈阳远大、新松机器人等依靠技术创新，成为行业或细分领域的领军企业。2019年，东北三省14家企业入选中国民营企业500强，较2018年增加5家。辽宁规模以上工业民营企业增加值增长23.7%，民间投资占全省比重达65.6%；吉林民营企业上缴税金799.6亿元，占地方财政收入比重达到71.6%；黑龙江飞鹤乳业在香港上市，哈尔滨新光光电成为东北首家成功登陆科创板的企业。

（二）搭建开放合作平台，开放型经济水平逐步提升

深度融入共建“一带一路”。辽宁加快推进“一带一路”综合试验区等开放平台建设，重大外资项目加快落地，大连英特尔二期建成投产，华晨宝马第三工厂开工建设。吉林开通珲春—（俄罗斯）扎鲁比诺港—宁波的内贸外运新航线和中欧班列（长春）等跨境运输通道，“一带一路”共建项目达133个。黑龙江加强跨境基础设施建设，黑河公路大桥、同江铁路大桥相继合龙。习近平总书记考察的中车齐车集团产品出口国家和地区增加到60个，其中出口“一带一路”合作国家从22个增加到44个。

区域对口合作不断加强。2017年3月，国务院办公厅印发《东北地区与东部地区部分省市对口合作工作方案》，组织东北地区三省四市与东部地区三省四市开展对口合作（见表3-10）。三年多来，

东北地区与东部地区有关省市共同建机制、搭平台、抓项目、促交流，一些先进理念做法在东北地区得到借鉴推广，一批产业合作项目扎实推进，对口合作取得积极进展。截至 2019 年 4 月，对口合作省市共签署产业类合作项目 840 多个，协议投资额近 7 000 亿元。

表 3–10　东北地区与东部地区对口合作方案

省份	辽宁—江苏	吉林—浙江	黑龙江—广东
城市	沈阳—北京 大连—上海	长春—天津	哈尔滨—深圳

重点开发开放平台加快建设。辽宁、黑龙江自贸试验区建设进展顺利，辽宁自贸试验区 123 项试点任务全面实施，黑龙江自贸试验区自 2019 年揭牌运营以来，签约项目 35 个，计划总投资 684.1 亿元。大连金普、长春、哈尔滨国家级新区以及沈抚改革创新示范区、中德（沈阳）高端装备制造产业园、中韩（长春）国际合作示范区、中日（大连）地方发展合作示范区和满洲里、二连浩特、绥芬河—东宁重点开发开放试验区等重大平台加快建设。2019 年，中德（沈阳）高端装备制造产业园固定资产投资同比增长 99.3%，其中工业投资同比增长 282.1%。

（三）推进重大项目建设，经济发展后劲得到增强

2016 年，经国务院同意，《推进东北地区等老工业基地振兴三

年滚动实施方案（2016—2018年）》印发实施。近年来，东北地区和有关方面推动实施基础设施、产业发展、新动能培育、生态环保、民生等领域重点项目90多项，总投资约9 000亿元，为新一轮东北振兴提供重要支撑。

交通基础设施类项目稳步推进。高铁网规划“八纵八横”最北一横重要组成的哈尔滨至牡丹江铁路客运专线，内蒙古第一条跨省高铁通辽至京沈高铁新民北站铁路，以及长春龙嘉国际机场二期扩建工程等均已完工。“复兴号”中国标准动车组、京张智能动车组下线运行。牡丹江至佳木斯铁路客运专线、集双高速公路东丰至双辽段等一批重点项目顺利推进。

能源石化类建设项目亮点不断。东北地区第一条特高压电力外送通道扎鲁特至青州±800千伏特高压直流输电工程、中俄天然气管道东线北段（黑河—长岭）等重点项目建成运行。红沿河核电二期工程部分主要设备设施进场安装，清原抽水蓄能电站、庄河300兆瓦海上风电场等相继开工，项目建成后年节约标煤1 400多万吨。恒力石化2 000万吨/年炼化一体化项目仅用19个月建成，成为国家石化产业规划布局中首个投料开车的全资民营大型炼化项目。

新动能培育类项目成效初显。长光卫星技术公司航天信息产业园项目一期已投产，形成以卫星、无人机研发与生产为核心的产业集群，年产30颗卫星及200架无人机。吉林漫江生态旅游综合开发项目部分投入运营，成功举办了国际雪联越野滑雪赛中国巡回赛等活动，吸引中外游客参加，有效带动周边旅游休闲产业发展，全面建成后可吸纳就业约 5 000 人。近期，5G、大数据中心等新型基础设施加快布局建设。

生态环保民生类项目扎实推进。引绰济辽、吉林西部供水、松花江干流治理、富锦市锦西灌区等一批水利工程有效恢复改善山水林田湖草生态环境。吉林省 2016—2019 年累计改造城镇棚户区 35.95 万套、农村危房 5.9 万户，解决 285.9 万农村居民饮水安全问题。黑龙江佳木斯年处理 350 万吨秸秆综合利用项目建成后可有效促进资源循环利用，同时有效带动居民就业增收。这些项目为推进东北地区生态环境建设、提升绿色发展和民生保障水平发挥了积极作用。

（四）培育壮大新动能，创新驱动内生动力不断激发

制造业等转型升级加速推进。东北地区产业智能化改造步伐加快，制造业核心竞争力得到提升，辽宁中部、吉林中部、大连沿海、黑龙江大庆设立产业转型升级示范区。辽宁推出一批工业互联网项目，上云服务企业 3 万多户。2019 年，装备制造业工业增加值增长 7.5%，其中高端装备占比达 58%。吉林产业结构调整持续推进，2019 年汽车产销完成 288.9 万辆和 284.7 万辆，其中一汽红旗汽车打响民族自主品牌，产销量均突破 10 万辆。黑龙江认真贯彻习近平总书记关于抓好“五头五尾”重要指示精神，建设“粮头食尾”“农头工尾”“油头化尾”“煤头电尾”“煤头化尾”项目

554 个。

新兴产业加快发展。深入实施东北地区培育和发展新兴产业三年行动计划（2016—2018 年），新兴产业规模不断壮大，辐射带动作用进一步增强，成为稳定地区经济、助力区域产业转型升级的重要力量。辽宁实施 28 个智能制造重点项目，2019 年高技术制造业增加值增长 18.7%，高新技术企业超过 5 000 户，科技型中小企业突破 7 500 户。吉林加快“数字吉林”建设，万米钻机“地壳一号”创造亚洲新纪录，“吉林一号”在轨卫星已达到 16 颗，累计完成 4 万余次拍摄任务，开创我国商业卫星应用先河。黑龙江“北国好风光，尽在黑龙江”的旅游品牌在全国打响，2019 年共接待国内外游客 2.2 亿人次，实现旅游收入 2 684 亿元，分别增长 19%、19.6%。

科技创新能力不断增强。加强创新能力建设，布局建设空间环境地面模拟装置、综合极端条件实验装置、航空遥感系统 3 个国家重大科技基础设施，18 个国家工程研究中心、14 个国家工程实验室、116 个国家地方联合工程研究中心。辽宁深入实施“科技创新六项行动”，2019 年 19 项科研成果荣获国家科技奖，获奖数量创十年来新高，每万人口发明专利拥有量上升到 9.7 件。吉林科技进步贡献率达到 55.5%，率先开展科技创新联合体试点，校正装备制造项目打破国际垄断。黑龙江 2019 年有效发明专利达 2.5 万件，哈电集团研制的我国首台大型立式脉冲发电机组，将驱动我国能源“神器”——“中国环流器二号 M”装置，完成我国能源装备制造史上的一次创举。

（五）支持生态建设和粮食生产，绿色发展优势巩固提升

国家粮食安全的“压舱石”地位进一步巩固。东北地区牢记习近平总书记“中国粮食、中国饭碗”的殷殷嘱托，深入实施“藏粮于地、藏粮于技”战略，农业在全国战略地位进一步凸显，粮食产量连创新高。2019 年东北三省粮食总产量超过 2 700 亿斤，比 2012 年增长 20.8%，占全国粮食总产量的 20.3%，净增量占全国粮食净增量比重超过 80%。其中，黑龙江粮食总产量达到 1 500.6 亿斤，实现“十六连丰”，建三江“万亩大地号”再现丰收景象，粮食播种面积、总产量、商品量、调出量、绿色食品面积、农业机械化率均居全国第一。吉林粮食总产量达 775.6 亿斤，增产 49 亿斤，净增量全国第一，连续七年粮食产量达 700 亿斤以上。辽宁粮食产量达到 486 亿斤，创历史最高水平。

统筹做好山水林田湖草治理。贯彻落实绿水青山就是金山银山的理念，加强生态建设，强化森林、湿地、草原等重要生态功能区保护，北方生态安全屏障持续巩固。辽宁深入开展蓝天、碧水、青山、净土工程，2019 年治理水土流失 266 万亩，辽河干流劣Ⅴ类水质全面消除。吉林认真贯彻落实习近平总书记“保护环境和发展旅游相得益彰”重要指示精神，制定查干湖生态环境保护和旅游发展规划，东北虎豹国家公园中虎豹定居数量稳定增加，2019 年劣Ⅴ类水体大幅下降 9.9 个百分点。黑龙江启动

实施小兴安岭—三江平原山水林田湖草保护修复试点工程，2019年优良水体比例同比上升16.1个百分点，空气优良天数比率达到93.3%。

（六）加大资金支持力度，民生保障水平稳步提高

脱贫攻坚取得显著成效。精准扶贫、精准脱贫工作按照时序进度扎实推进，贫困人口大幅减少，“两不愁三保障”突出问题得到有效解决，贫困发生率进一步下降，为2020年决战决胜脱贫攻坚和全面建成小康社会奠定坚实基础。2019年，辽宁高质量完成13.25万人脱贫、128个贫困村销号和5个省级贫困县摘帽。目前正在对剩余的1.42万未脱贫人口进行重点扶持并确保脱贫。吉林农村贫困人口减少6.76万人，1 489个贫困村全部退出，9个贫困县正在履行摘帽程序。黑龙江贫困发生率由0.65%降至0.07%，剩余100个贫困村全部脱贫出列，剩余5个国家级贫困县达到脱贫摘帽条件。

民生保障稳步提升。在中央财政支持下，养老保险支付总体稳定。就业形势总体良好。老旧小区改造、棚户区改造等保障性安居工程顺利推进，教育现代化、全民健康、公共体育等公共服务工程扎实开展，人民群众幸福感、获得感、安全感不断提升。辽宁2019年全省人均可支配收入达31 820元，位居全国第八位，义务教育巩固率达到97.3%，适龄儿童毛入园率提高到90.5%。2016—2019年，吉林累计完成147项民生实事，城乡居民人均可支配收

入年均增速保持7%以上，城镇新增就业220万人，群众最关心、最关注、最关切的民生问题得到基本保障。黑龙江2019年民生支出占一般公共预算支出比重达到86.1%，养老金按时足额发放，企业养老保险单位缴费费率由20%下降到16%，城乡低保标准实现十三连增。

三、发挥优势推动中部地区崛起

推动中部地区崛起是党中央作出的重要决策。中部地区包括山西、安徽、江西、河南、湖北、湖南六省，国土面积102.8万平方公里，占全国陆地总面积的10.7%；2019年末常住人口3.71亿人，占全国的26.6%。促进中部地区崛起战略实施以来特别是党的十八大以来，中部地区面貌发生巨大变化，经济社会发展取得重大成就，经济总量占全国的比重进一步提高，社会事业全面发展，供给侧结构性改革、高质量发展、培育和发展经济新动能等方面取得新突破，民生保障水平不断提高，粮食生产基地、能源原材料基地、现代装备制造及高技术产业基地和综合交通运输枢纽地位更加巩固，在全国发展中发挥了重要的支撑作用。习近平总书记多次就中部地区崛起作出重要指示批示。2019年，习近平总书记在江西考察，主持召开推动中部地区崛起工作座谈会并发表重要讲话，就做好中部地区崛起工作提出了八点意见，一是推动制造业高质量发展，二是提高关键领域自主创新能力，三是优化营商环境，四是积极承接新兴产业布局和转移，五是扩大高水平开放，六是坚持绿色发展，七是做好民生领域重点工作，八是完善政策措施和工作机制，为发挥优势推动中部地区崛起指明了方向。

（一）经济总量迈上新台阶

党的十八大以来，中部地区生产总值年均增长率 9.5%，居四大板块首位，产业、投资、地方财政、企业利润等主要经济指标增速普遍领先全国，为支撑全国经济稳定增长作出重要贡献（见表 3–11）。2019 年，中部地区生产总值 21.9 万亿元，占全国 22.1%，同比增长 7.3%，2017 年第三季度起，增速连续 10 个季度领跑四大板块。第一产业增加值 17.9 万亿元，第二产业增加值 9.1 万亿元，第三产业增加值 10.9 万亿元，三次产业结构由 2012 年的 12.1 : 52.8 : 35.1 调整为 8.2 : 41.8 : 50.0。人均地区生产总值超过 5.8 万元，同比增长 8.4%，达到全国水平的 82.8%。全年固定资产投资（不含农户）增幅均在 8% 以上，高于全国增速 21 个百分点。地方一般公共预算收入 18 453 亿元，增长 4.6%。规模以上工业企业利润总额 13 003 亿元，占全国的 21.0%。2012—2019 年，中部地区社会消费品零售总额年均增长 10.86%，比全国平均水平高 1.1 个百分点（见表 3–12）。

表 3–11 党的十八大以来中部地区国内生产总值表 单位：亿元

年份	山西省	安徽省	江西省	河南省	湖北省	湖南省
2012	12 113	17 212	12 949	29 599	22 250	22 154
2013	12 665	19 229	14 410	32 191	24 792	24 622
2014	12 761	20 849	15 715	34 938	27 379	27 037
2015	12 766	22 006	16 724	37 002	29 550	28 902
2016	13 050	24 408	18 499	40 472	32 665	31 551
2017	15 528	27 018	20 006	44 553	35 478	33 903
2018	15 958	34 011	22 717	49 936	42 022	36 330
2019	17 027	37 114	24 758	54 259	45 828	39 752

资料来源：国家统计局历年国民经济与社会发展统计公报。

表 3–12 2012—2019 年中部地区分省
社会消费品零售总额情况 单位：亿元

地区	2012 年	2013 年	2014 年	2015 年	2016 年	2017 年	2018 年	2019 年
山西	4 507	5 139	5 718	6 034	6 481	6 918	7 339	7 909
安徽	6 143	7 045	7 957	8 908	10 000	11 193	12 100	13 378
江西	4 123	4 696	5 293	5 926	6 635	7 448	7 566	8 422
河南	10 916	12 427	14 005	15 740	17 618	19 667	20 595	22 733
湖北	9 682	11 036	12 449	14 003	15 649	17 394	18 334	20 224
湖南	8 319	9 510	10 724	12 024	13 437	14 855	15 638	17 240
中部地区	43 690	49 852	56 145	62 635	69 819	77 475	81 572	89 905
占全国比重 /%	20.37	20.53	20.65	20.81	21.01	21.15	21.41	21.84

资料来源：中部六省统计局及国家统计局历年国民经济与社会发展统计公报。

（二）创新体系持续完善

自主创新能力显著提升，武汉、长沙、合肥跻身2019年世界区域创新集群百强，合肥综合性国家科学中心启动建设，武汉国家先进存储器产业创新中心和武汉信息光电子、株洲先进轨道交通装备、洛阳农机装备等一批国家制造业创新中心在中部地区布局，涌现出一批重大源头创新成果。创新要素加快集聚，一批优质科教创新资源落户中部，合肥综合性国家科学中心获批成为全国三大综合性国家科学中心之一，成功创建国家信息光电子创新中心、国家数字化设计与制造创新中心等一批国家级创新平台。承接产业转移示范园区建设进一步加快，皖江城市带、晋陕豫黄河金三角、湖北荆州、赣南、湘南湘西承接产业转移示范区和皖北承接产业转移集聚区借助中部地区承东启西、连南接北的优势地位，成为海内外投资者看好的投资热点地区之一。先进制造业不断培育壮大，科技创新与先进制造业、现代服务业与先进制造业深度融合发展，科创产业平台建设不断完善，一批核心关键技术取得重大突破，成果转化和产业化进程持续加快。

（三）产业结构出现新变化

高技术产业和战略性新兴产业增速保持在两位数，形成一批国家重要的能源基地、原材料深加工基地、装备制造业基地、战略性新兴产业基地。安徽智能语音、江西LED技术、河南智能终端、湖北光通信、湖南轨道交通等新兴产业加快发展，培育形成了一批产业基地和产业集群。服务业支撑作用不断增强，2019年，中部地区第三产业增加值占地区生产总值比重达到50%（见表3–13），成功撑起半边天。农业发展核心区的定位更加突出，粮食产量占全国的30.1%，棉花、油料等农产品产量占全国的37.5%，为保障全国粮食安全和农产品供给作出重大贡献。同时，民营企业和中小微企业发展活跃，民间投资增长较快，市场主体活力明显增强。

表3–13 中部地区三次产业增加值总量与比重

年份	第一产业		第二产业		第三产业	
	总量/亿元	占比/%	总量/亿元	占比/%	总量/亿元	占比/%
2012	14 019.8	12.1	61 450.7	52.8	40 807.2	35.1
2013	14 590.0	11.4	64 799.6	50.7	48 520.0	37.9
2014	15 350.7	11.1	68 770.5	49.6	54 558.5	39.3
2015	15 863.9	10.8	68 784.4	46.8	62 302.2	42.4
2016	16 780.9	10.4	72 951.5	45.4	70 913.2	44.1
2017	15 803.3	9.0	79 937.9	45.3	80 745.4	45.8
2018	16 199.6	8.1	84 766.6	42.2	100 006.9	49.8
2019	17 889.4	8.2	91 382.2	41.8	109 466.2	50.0

资料来源：中部六省统计局历年国民经济与社会发展统计公报。

注：文中对源数据只保留了小数点后一位数字，若按此数值进行相关计算，会导致占比的计算值与实际值有所不同，下同。

（四）城乡区域发展协同性持续增强

区域城镇化水平大幅提高，中部地区城镇化率由2012年的46.3%上升至2019年的56.8%（见表3-14），城乡区域发展日趋协调。城市群和都市圈不断壮大，长江中游、中原城市群等在基础设施互联互通、公共服务共享方面合作深化，皖江城市带、太原城市圈加快发展，武汉、郑州国家中心城市和长沙、合肥、南昌、太原等区域中心城市辐射带动能力显著增强，一批节点城市和中小城市培育壮大，以城带乡、以乡促城、城乡互动的发展格局初步形成。“三纵四横”轴带成为支撑中部地区全面崛起的主骨架，沿长江、京广、陇海、京九经济带的人口、产业、城市布局趋于协调，沿沪昆、大湛、石太—太中银等新兴经济轴带实力进一步壮大，形成了集公路、铁路、航空、水运等多种运输方式于一体的综合运输优势，为新时代实现高质量发展提供了重要支撑。功能平台加快发展，湘江新区、赣江新区等国家级新区高质量发展，人才、技术、资金等要素进一步流向皖江城市带、晋陕豫黄河金三角、湖北荆州、赣南、湘南湘西等承接产业转移示范区，河南、湖北自由贸易试验区，湖北湘江新区、江西赣江新区，郑州航空港试验区，武汉东湖、长株潭、郑洛新、合芜蚌自主创新示范区等平台快速发展，形成一批新的经济增长极。

表 3-14 2012—2019 年中部地区分省城镇化率 单位：%

省份	2012 年	2013 年	2014 年	2015 年	2016 年	2017 年	2018 年	2019 年
山西	51.26	52.56	53.78	55.02	56.22	57.35	58.42	59.55
安徽	46.49	47.86	49.15	50.50	51.99	53.49	54.70	55.81
江西	47.51	48.87	50.22	51.62	53.09	54.61	56.02	57.42
河南	42.43	43.80	45.20	46.85	48.50	50.16	51.71	53.21
湖北	53.50	54.51	55.67	56.85	58.10	59.30	60.30	61.00
湖南	46.65	47.96	49.28	50.89	52.76	54.62	56.02	57.22

资料来源：中部六省统计局历年国民经济与社会发展统计公报。

（五）生态环境明显改善

积极践行绿水青山就是金山银山的理念，强化大气、水、土壤污染防治。长江流域环境持续改善，黄河流域人与自然关系更趋协调，生态文明建设迈出坚实步伐。洞庭湖、鄱阳湖等重点湖泊治理取得积极进展。丹江口库区等流域水环境综合治理与可持续发展试点初显成效，南水北调中线工程水源地得到有力保护，一泓清水不断送到北京、天津等地。自然生态系统稳定性全面提升，物种资源丰富度和草原综合植被盖度增加，湿地保有量为 519.6 万公顷，森林覆盖率为 38.2%。主要污染物排放总量大幅减少。单位 GDP 能源消耗和二氧化碳排放持续下降，$PM_{2.5}$ 平均浓度不断下降，区域大气环境质量逐步改善。水环境质量得到阶段性改善。初步形成健全的城镇水污染防治体系，长江、淮河、湘江、赣江等主要流域国家考核断面水质优良比例不断提高。

2012—2019 年中部地区各省森林覆盖率见表 3–15。

表 3–15　2012—2019 年中部地区各省森林覆盖率　　单位：%

省份	2012 年	2013 年	2014 年	2015 年	2016 年	2017 年	2018 年	2019 年
山西	18.00	18.00	18.00	18.00	20.50	20.50	22.80	22.80
安徽	27.50	27.50	28.65	28.65	28.65	28.65	28.65	28.65
江西	63.10	63.10	63.10	63.10	63.10	63.10	63.10	63.10
河南	22.98	22.98	23.30	23.62	23.62	24.53	24.53	24.94
湖北	38.40	38.40	38.40	38.40	38.40	38.40	39.60	39.60
湖南	57.34	57.52	59.57	59.57	59.64	59.68	59.82	59.90

资料来源：中部六省统计局历年国民经济与社会发展统计公报。

（六）开放经济体系加快构建

外贸外资较快增长。2012—2019 年，中部地区对外贸易总额年均增速达 8.54%，高于全国平均增速 0.85 个百分点，占全国比重提高到 7.5%，中部地区逐渐成为我国对外贸易的重要增长点和支撑点。2019 年，中部地区实际利用外资 826.14 亿美元，占当年全国实际利用外资的 59.8%，成为重要的外资目的地。高水平开放平台布局加快建设。中国（河南）、中国（湖北）自由贸易试验区高标准高水平建设，郑州航空港经济综合实验区、长沙临空经济示范区以及跨境电子商务综合试验区发挥重要作用，15 个国家级综合保税区加快发展，其中河南新郑综合保税区进出口值位列全国 39 个综合保税区第一位。积极参与和融入“一带一路”建设。由武汉、郑州等地始发的中欧班列快速发展，由 2013 年的 80 列增加至 2019 年的 8 225 列，开行数量年均增长 116.44%。走出去质量效益稳步提升，企业对外投资方式更加多元、结构日益优化。2012—2019 年中部地区各省对外贸易总额情况见表 3-16。

表 3-16　2012—2019 年中部地区各省对外贸易总额情况　　单位：亿美元

地区	2012 年	2013 年	2014 年	2015 年	2016 年	2017 年	2018 年	2019 年
山西	150.43	157.91	162.33	146.81	166.61	171.87	207.62	209.68
安徽	392.85	455.19	491.77	478.45	444.13	540.22	628.40	687.49
江西	334.14	367.47	427.31	424.00	400.28	443.39	481.88	509.28
河南	517.39	599.57	649.72	737.81	712.13	776.30	828.14	824.74
湖北	319.64	363.80	430.40	455.53	393.89	463.37	527.82	571.46
湖南	219.49	251.75	308.32	293.02	262.43	360.33	464.74	628.95
中部地区	1 933.93	2 195.69	2 469.84	2 535.60	2 379.48	2 755.48	3 138.60	3 431.60
占全国比重 /%	5.00	5.28	5.74	6.41	6.46	6.71	6.79	7.50

资料来源：中部六省统计局及国家统计局历年国民经济与社会发展统计公报。

（七）人民生活跃上新水平

就业、教育、文化体育、社保、医疗卫生、住房等公共服务体系更加健全。2019 年中部地区新增就业超过 500 万人，外出农民工总量超过 9 600 万人；高中毛入学率超过 90%；各类博物馆超过 1 000 座，当年参观人数超过 2.5 亿人次；参加城镇职工养老保险人数为 8 567.8 万人。居民收入稳步增长，从 2015 年的 18 444 元提高到 2019 年的 26 024 元，与全国平均水平的相对差距缩小，居民收入增长与经济增长基本同步。脱贫攻坚扎实推进，区域性整体贫困得到解决，农村贫困人口 181 万人，比 2012 年减少 3 265 万人，贫困发生率降至 0.43% 以下。太行山区、大别山区、吕梁山区、武陵山区等集中连片特困地区农村居民人均可支配收入增速超过全国，赣南等原中央苏区、井冈山、晋绥边区等革命老区脱贫攻坚迈出坚实步伐。

四、创新引领率先实现东部地区优化发展

东部地区包括北京市、河北省、天津市、山东省、江苏省、上海市、浙江省、福建省、广东省、海南省 10 个省市，是我国经济发展的“发动机”和“稳定器”。2019 年，东部地区以占全国 9.5% 的国土面积，聚集了全国 38% 的人口，贡献了全国 51.6% 的经济总量、80.6% 的对外贸易额，在推动经济发展过程中发挥着重要作用。党的十八大以来，东部地区通过深化改革开放、促进区域协调发展、培育壮大国内市场、拓展多元化国际市场等方式，扎实推进重大区域发展战略实施，在全国经济高质量发展中的引领作用进一步

显现。

（一）经济发展“稳定器”作用突出

东部地区是我国经济发展的优势地区，经济总量、进出口总额、一般公共预算收入、规模以上工业企业利润总额等主要经济指标在四大板块中长期保持第一，在实现经济平稳发展过程中发挥着“稳定器”的作用。2019 年，东部地区生产总值为 51.1 万亿元（见表 3–17），同比增长 6.2%，占全国比重为 51.6%，分别比中部地区、西部地区和东北地区高 29.5 个百分点、30.9 个百分点、46.5 个百分点。进出口总额为 25.4 万亿元，同比增长 2.1%，占全国比重为 80.6%。一般公共预算收入为 5.8 万亿元，占全国比重为 57.4%。规模以上工业企业利润总额为 3.6 万亿元，占全国比重为 57.8%。

表 3–17　2019 年四大板块主要经济指标　　单位：亿元

板块	地区生产总值	进出口总额	一般公共预算收入	规模以上工业企业利润总额
东部地区	511 161	254 388	57 780	35 848
中部地区	218 738	23 700	18 386	13 003
西部地区	205 185	26 992	19 414	10 683
东北地区	50 249	10 425	5 156	2 462

资料来源：根据国家统计局等数据整理。

（二）重要动力源引领作用不断凸显

京津冀协同发展、长江三角洲区域一体化发展、粤港澳大湾区建设等重大区域发展战略，逐渐成为抢占全球经济竞争制高点的重要动力源。东部各省市结合自身比较优势，将区域战略向纵深推进，辐射带动周边地区加快发展。比如，北京、上海、深圳等城市瞄准建设具有全球影响力的国际科技创新中心目标为龙头，努力布局形成世界大科学设施群，加快建设一批世界一流研发机构，提升参与全球科技竞争能力和水平；江苏、浙江、山东等省份瞄准打造世界级产业集群的目标，着力建设全产业链平台，强化龙头企业带动作用。

在各重大区域发展战略的有力推动下，京津冀、粤港澳大湾区、长三角等动力源地区引领作用不断凸显，地区发展动能持续增强，规模经济效应进一步显现，创新要素快速集聚，在国家现代化建设大局中发挥着龙头带动作用。2019 年，京津冀、粤港澳大湾区和长三角地区生产总值分别达到 8.5 万亿元、11.6 万亿元、23.7 万亿元，占全国比重达 43%（见表 3–18）。

表 3–18　2019 年重要动力源地区生产总值分布表

地区	地区生产总值 / 亿元	占全国比重 /%
京津冀	84 580	8.3
粤港澳	115 870	11.4
长三角	237 253	23.3

续表

地区	地区生产总值 / 亿元	占全国比重 /%
全国其他地区	582 133	57.0
全国（含香港、澳门）	1 019 836	100.0

资料来源：根据国家统计局等数据整理。

（三）科技创新引领作用不断增强

东部地区坚持自主创新，主动作为，出台实施各项政策措施着力优化创新环境，提升科创实力。北京围绕优化创新生态，发布实施新时代深化科技体制改革 30 条政策措施，修订科学技术奖励办法，推动出台促进科技成果转化条例，科研人员长期期盼的科技成果权属改革等实现制度性突破。[1] 上海持续深化科技体制机制改革，制定实施智慧城市、数字经济等政策措施。广东深入落实“科技创新十二条”等政策，持续加强基础与应用基础研究，聚焦“卡脖子”问题组织实施九大重点领域 4 批研发计划项目。[2]

随着东部地区创新发展要素不断集聚，软硬件环境不断改善，科技创新取得显著成果。2018 年，东部地区规模以上工业企业科学研究与试验发展（Research and Development，R&D）经费达 6 288.2 亿元，占全国比重为 48.4%（见表 3–19）。东部地区企业发

[1]《2020 年北京市政府工作报告》，《北京日报》2020 年 1 月 19 日。
[2]《2020 年广东省政府工作报告》，《南方日报》2020 年 1 月 19 日。

明专利拥有量占全国比重为72.6%，中部地区、西部地区和东北地区分别为15.2%、9.5%、2.7%，可见东部地区无论在创新投入还是产出方面均发挥着极为重要的作用。从各省看，北京研发投入强度达到6%左右，位列全国第一，技术合同成交额近5 700亿元，发明专利授权量增长13.1%。[1]上海的外资研发中心累计达461家，占内地总数1/4的规模，居全国首位（见表3–20）。广东研发经

表3–19　2014—2018年东部地区规模以上工业企业R&D经费

单位：亿元

地区	2014年	2015年	2016年	2017年	2018年
北京	233.5	244.1	254.8	269.1	274.0
天津	322.8	352.7	350.0	241.1	252.9
河北	260.7	285.8	308.7	351.0	382.0
上海	449.2	474.2	490.1	540.0	554.9
江苏	1 376.5	1 506.5	1 657.5	1 833.9	2 024.5
浙江	768.1	853.6	935.8	1 030.1	1 147.4
福建	315.4	347.0	388.3	448.8	524.9
山东	1 175.5	1 291.8	1 415.0	1 563.7	1 418.5
广东	1 375.3	1 520.5	1 676.3	1 865.0	2 107.2
海南	11.1	11.2	8.0	7.5	11.4
东部地区	6 288.2	6 887.4	7 484.4	8 150.2	8 697.7

资料来源：根据国家统计局等数据整理。

[1]《2020年北京市政府工作报告》，《北京日报》2020年1月19日。

表 3–20 2014—2019 年东部地区专利授权数 单位：个

地区	2014 年	2015 年	2016 年	2017 年	2018 年	2019 年
北京	74 661	94 031	100 578	106 948	123 496	132 000
天津	26 351	37 342	39 734	41 675	54 680	57 800
河北	20 132	30 130	31 826	35 348	51 894	57 808
上海	50 488	60 623	64 230	72 806	92 460	100 600
江苏	200 032	250 290	231 033	227 187	306 996	314 000
浙江	188 544	234 983	221 456	213 805	284 621	285 000
福建	37 857	61 621	67 142	68 304	102 622	98 955
山东	72 818	98 101	98 093	100 522	132 382	—
广东	179 953	241 176	259 032	332 652	478 082	527 400
海南	1 597	2 061	1 939	2 133	3 292	—
东部地区	852 433	1 110 358	1 115 063	1 201 380	1 630 525	—

资料来源：根据国家统计局等数据整理。

费支出 2 800 亿元、占地区生产总值比重达 2.8%，区域创新综合能力保持全国第一，有效发明专利量、专利合作协定（Patent Cooperation Treaty，PCT）国际专利申请量稳居全国首位。[1] 仅深圳市就集聚超过 3 万家高新技术企业，培育出华为、大疆等具有全球影响力的明星企业。

[1]《2020 年广东省政府工作报告》，《南方日报》2020 年 1 月 19 日。

（四）产业升级有力推进

东部各省市制造业基础强，改革动力足，在产业升级进程中发挥着排头兵的作用。近年来，江苏大力发展先进制造业集群，着力推动工业化和信息化融合发展，加快产业向全球价值链中高端攀升。山东有序推进新旧动能转换，加快“四新”经济发展，新一代信息技术、医养健康等产业领域增势强劲。广东出台“制造业十九条”，部署实施“六大工程”[1]，高起点培育一批国际竞争力强的产业集群。[2]

2019 年，东部地区在推进产业升级过程中取得了明显成效。三次产业比重逐渐从 2014 年的 5.8∶45.4∶48.8 调整为 2019 年的 4.6∶38.9∶56.6（见表 3–21），农业比重逐年下调，服务业比重逐年上升，产业结构不断优化。从东部地区各省市工业内部结构看，江苏战略性新兴产业、高新技术产业产值占规模以上工业比重分别达 32.8% 和 44.4%；福建制造业投资增长 16.2%，技改投资增长 19%，领跑全国；浙江数字经济发展势头强劲，数字经济核心产业增加值增长 15%，占地区生产总值比重达 10%；河北去产能任务超额完成，工业设计加速赋能传统产业，产品附加值明显提高。

[1] “六大工程”包括强核工程、立柱工程、强链工程、优化布局工程、品质工程、培土工程。
[2]《2020 年广东省政府工作报告》，《南方日报》2020 年 1 月 19 日。

表 3-21 2019 年东部各省三次产业总量及占比

地区	第一产业		第二产业		第三产业	
	总量 / 亿元	占比 /%	总量 / 亿元	占比 /%	总量 / 亿元	占比 /%
北京	114	0.3	5 715	16.2	29 543	83.5
天津	185	1.3	4 969	35.2	8 950	63.5
河北	3 518	10.0	13 597	38.7	17 989	51.2
上海	104	0.3	10 299	27.0	27 752	72.7
江苏	4 296	4.3	44 271	44.4	51 065	51.3
浙江	2 097	3.4	26 567	42.6	33 688	54.0
福建	2 596	6.1	20 582	48.5	19 217	45.3
山东	5 116	7.2	28 311	39.8	37 640	53.0
广东	4 351	4.0	43 546	40.4	59 773	55.5
海南	1 080	20.3	1 099	20.7	3 130	58.9
东部地区	23 459	4.6	198 956	38.9	288 746	56.5

资料来源：根据国家统计局等数据整理。

（五）开放潜力进一步释放

东部地区作为改革开放前沿阵地，正对标国际先进水平，在更高层次推动对外开放，努力打造全方位对外开放新高地。上海以自贸试验区新片区建设为契机，在投资经营便利、货物自由进出、资金流动便利等方面积极探索创新。粤港澳大湾区资源要素高效流动更加便捷，一小时生活圈正逐渐形成，“一地两检”通关政策落地。支持海南全面深化改革开放的各项政策逐步落地，海南自由贸易港建设稳步推进。

2019 年，东部 10 省市进出口总额为 25.4 万亿元，占全国比重达 80.6%（见表 3–22）。其中，进口和出口总额分别为 11.7 万亿元和 12.8 万亿元，占全国比重达 81.5% 和 79.9%。北京、河北、浙江、福建、山东、海南等省市进出口增速超过全国平均水平。广东、江苏、上海、浙江、北京、山东、福建、天津进出口总额分别位居全国第一位至第八位。

表 3–22　2015—2019 年东部地区各省市进出口总额　　单位：亿元

地区	2015 年	2016 年	2017 年	2018 年	2019 年
北京	19 840	18 628	21 924	27 181	28 669
天津	7 097	6 776	7 647	8 079	7 346
河北	3 192	3 075	3 376	3 552	4 002
上海	27 907	28 667	32 238	34 009	34 053
江苏	33 871	33 630	40 021	43 802	43 384
浙江	21 562	22 202	25 604	28 519	30 839
福建	10 511	10 347	11 591	12 354	13 310
山东	15 019	15 467	17 824	19 302	20 422
广东	63 555	63 115	68 155	71 618	71 457
海南	869	748	702	849	906
东部地区	203 423	202 653	229 081	249 266	254 388

资料来源：根据国家统计局等数据整理。

（六）中心城市集聚效应凸显

东部地区中心城市龙头带动作用进一步增强，北京、上海、深圳等中心城市辐射带动周边城市协同发展，产业链、创新链加速融合。福建、广东、浙江等省份正在积极谋划构建都市圈体系，规划编制和机制建设逐步推进。便捷通勤网络逐渐形成，北京市域（郊）铁路城市副中心线开通运行，广州和佛山地铁实现互联互通。中心城市产业协同发展逐步深化，深圳与东莞联动形成具有全球竞争力的电子信息和互联网产业集群。

2019 年，东部地区的北京、天津、上海、广州 4 个国家中心城市以 0.4% 的国土面积集聚 5.5% 的人口、创造 11.2% 的国内生产总值，其他省会城市和重要节点城市经济人口集聚程度和城市首位度也在不断提高。

（七）陆海统筹力度加大

海洋经济是东部地区的经济特色，各省市结合自身定位，充分发挥区位优势，表现出强劲的发展势头。深圳、上海等努力打造全球海洋中心城市，山东威海等一批海洋经济发展示范区建设全面启动，涉海科技创新发展和海洋生态环境保护力度不断加大，21 世纪海上丝绸之路建设扎实推进，海洋产业结构持续优化。

随着海洋经济建设的大力推进，东部地区关于海洋领域的科研项目支持力度不断加大，海洋经济高质量发展不断提升，北部、中部、南部三大海洋经济区实力和特色不断增强，海洋产业结构持续优化，海洋经济外向型特点愈发显著。2019 年，海洋经济总量再上新台阶，海洋生产总值达 8.9 万亿元，同比增长 6.2%，占全国生产总值的比重达 9.0%。

（八）生态环境稳步改善

东部地区高度重视践行绿水青山就是金山银山的理念，不断探索绿色生态发展路径。北京深入实施美丽乡村建设三年行动计划，启动“百村示范、千村整治”工程，农村人居环境明显改善。福建 2019 年完成植树造林超过 107 万亩，人均公园绿地面积 14.6 平方米，森林覆盖率继续保持全国首位。海南认真落实国家生态文明试验区建设各项任务，加快推进清洁能源岛建设，在全国率先全域推广清洁能源汽车。天津 2019 年地表水优良水体比例达到 50%，提高 10 个百分点，劣 V 类地表水比例首次降至 5%。江苏 2019 年 $PM_{2.5}$ 平均浓度达 43 微克 / 立方米、同比下降 6.5%，空气质量优良率达 71.4%。

第四章

“十四五”时期
区域发展面临的形势分析

“十四五”时期是我国全面建成小康社会、实现第一个百年奋斗目标之后，乘势而上开启全面建设社会主义现代化国家新征程、向第二个百年奋斗目标进军的第一个五年。世界正经历百年未有之大变局，呈现竞争优势重塑、经贸规则重建、力量格局重构的叠加态势，国际环境日趋复杂，不稳定性不确定性明显增强。我国已进入高质量发展阶段，发展具有多方面优势和条件，同时发展不平衡不充分问题仍然突出，正处于转变发展方式、优化经济结构、转化发展动力的关键时期。面对外部环境和内部条件的深刻变化，我国区域发展呈现新趋势。

第一节

世界百年未有之大变局
深刻影响我国区域发展

全球经济加快深度调整、生产要素的流动性和柔性效应不断增强、新一轮科技革命和产业变革方兴未艾等趋势性因素综合作用，正在加速影响我国区域经济发展格局。

一、全球经济深度调整冲击和改变我国地缘经济格局

当前，受多种因素共同影响，全球经济正在加快深度调整。首先，国际金融危机影响深远，世界经济复苏缓慢，仍处在国际金融危机后的深度调整期。发达国家和新兴市场国家都在致力于本国的科技创新和新一轮的工业化战略。特别是随着以人工智能、新能

源、量子信息技术、虚拟现实等为代表的新科技革命逐步推进，各国努力在全球范围内配置产业资源，积极展开对新科技革命话语权和产业发展制高点的争夺。其次，大国之间战略博弈持续深化，特别是中美战略博弈范围已经从贸易扩大到科技、军事等领域。经济全球化遭遇逆流，单边主义盛行、贸易保护主义抬头，逆全球化与全球化力量相互较量，贸易保护主义与区域自由贸易协定并存，这些都将重塑地区间经贸关系，对国际经济格局、产业链布局等产生重大影响。再次，国际分工的内容和形式发生深刻变化，由过去的产业部门分工、产品分工加速向产业链分工转变，全球价值链围绕研发、设计、制造、装配、营销、服务等环节再分工日益深化并有可能形成新的固化。最后，全球经济受到突如其来的新冠肺炎疫情的严重冲击，世界经济处于极度低迷状态，经济下行压力陡增。国际货币基金组织（IMF）和世界银行 2020 年 6 月分别预测 2020 年全球 GDP 将下降 4.9% 和 5.2%。新冠肺炎疫情发生后，全球化面临退回到“经济主权”时代的风险，美国、欧洲、日本等发达经济体可能会加快采取措施促使部分制造业和产业链高端环节加速回迁，国际贸易面临更多技术壁垒、绿色壁垒、政治壁垒。

我国区域经济发展面临如何适应全球经济深刻调整的巨大挑战。在新一轮国际分工格局调整中，我国立足国内、主动求变，“在危机中育新机、于变局中开新局”，逐步形成以国内大循环为主体、国内国际双循环相互促进的新发展格局。今后一段时期我国区域经济发展的重点是如何适应“双循环”新发展格局。

东部地区要继续发挥改革开放先行、综合创新能力强、现代制造领先、服务业高端等优势，深化中日韩、中国—东盟等区域合作，增强引领全国经济现代化的功能，代表我国积极参与全球竞争。要以建设世界级城市群为目标，实施好京津冀协同发展、粤港澳大湾区建设、长江三角洲区域一体化发展等重大区域发展战略，形成引领全国高质量发展的强大动力源、吸引全球高端金融资源和要素的重要平台和引领技术变革的领头羊，打造我国参与全球竞争的重要空间载体。在此过程中，要进一步增强和发挥北京、上海、深圳、广州等特大城市的优势，形成对外能够配置全球资源、对内能够带动区域发展的全球城市。

中部地区要发挥交通区位居中、劳动力富集、工业基础良好等优势，打造成为我国未来新型城镇化、新型工业化的主战场，培育成为新的经济增长极和参与全球价值链竞争的新区域。要更好适应经济全球化和区域一体化趋势，全方位扩大对内对外开放，强化区域次区域合作，在更大范围配置各类要素资源。努力建设开放型经济新高地，积极融入“一带一路”建设，深度推进国际产能和装备制造合作，在更宽领域、更深程度、更高水平参与国际合作与竞争，积极培育国际竞争新优势。进一步壮大长江中游城市群和中原城市群，形成南北呼应、共同支撑中部崛起的核心增长地带。加强与东部沿海和周边地区互动合作，特别是密切与长三角、珠三角、京津冀等地区的合作，在产业转移承接、能源生产供应、生态环境联合保护治理、创新合作、基础设施联通等重点领域取得突破。

西部地区要抢抓“一带一路”建设战略机遇，依托交通区位不断改善的有利条件，深挖能源资源、人文生态等优势，强化资源依托型、沿边开放型的特色经济功能，提升产业承接能力，以全面开放获得经济增长的新动力。未来一段时期，西部地区要进一步增强开放与区域战略对接合力，发挥“陆海新通道”作为西部地区全面开放的战略通道作用，贯通“长江经济带”，把幅员广阔的西部内陆地区与极具潜力的东南亚市场紧密联系起来，强化大西北地区与中亚五国的合作与交流，打造西部地区经济发展的增长轴带，促进城市和人口的聚集。围绕打造生机勃勃的创新生态，强化东西部合作机制，发挥潜在市场优势和回旋空间优势，在推进技术创新方面谋求发展新思路。加快推进成渝地区双城经济圈建设，发挥重庆、成都、西安等中心城市和成渝、关中平原、兰州—西宁等城市群辐射带动作用，培育西部地区产业集群，以产业结构调整和升级带动区域经济跃升。

东北地区是我国重要的工农业基地，维护国家国防安全、粮食安全、生态安全、能源安全、产业安全的战略地位十分重要。要从维护国家“五大安全”的战略高度，进一步深化体制机制改革，大幅减少政府对资源的直接配置，着力优化营商环境，以混合所有制改革为突破口深化国有企业改革攻坚。依托制造业良好基础，有效整合资源，加快调整经济结构，培育形成新动能。深度融入共建“一带一路”，深化与东部地区对口合作，打造对外开放新前沿。依托沈阳、大连、长春、哈尔滨等中心城市和城市群，集聚优质要素，培育壮大高质量发展增长极，推动实现重点突破。

二、生产要素的流动性和柔性效应加速打破传统区域经济路径

党的十九届四中全会明确指出，“健全劳动、资本、土地、知识、技术、管理、数据等生产要素由市场评价贡献、按贡献决定报酬的机制”。当前，劳动、资本、土地等传统生产要素的黏性正在被新发展要素的柔性打破，知识、技术、管理、数据等新生产要素进入“红利”释放期，对区域经济发展路径和区域分工模式将产生重大影响。

（一）传统生产要素流动性越来越强，其禀赋对区域发展的制约明显趋于弱化

过去，劳动力、资本、土地要素跨区域流动性弱，经济与产业布局受传统要素影响很大，造成区域间经济发展水平、居民收入水平以及人均消费水平等方面的差距日益扩大。随着交通基础设施互联互通日臻完善，资源交易平台和市场体系日益完善，户籍制度改革、社会保障制度改革、土地制度改革等日益深化，区域一体化

程度不断加深，劳动、资本、土地等传统生产要素能够更高效地流动、更合理地统筹，越来越多的人口和区域被纳入分工体系中，价值链的各环节在越来越广阔的空间范围内分布，并能获得现代信息、物流技术的支撑，保持有机联结且富有活力，不同资源禀赋的地区发展受传统要素的限制作用将会越来越弱化。

（二）新生产要素对区域经济发展越来越重要，欠发达地区将可能获得比以往更多参与价值链再分工的机会

近年来，新一代信息基础设施建设不断完善，知识、技术、管理、数据等新生产要素加速流动、有效集聚，对推动区域经济不断走向高质量发展具有重要意义。相对传统生产要素而言，新生产要素的流动性、可复制性更强，有利于发达地区与欠发达地区开展新型分工，从而缩小由于要素分布不均衡造成的区域发展差距。随着交通便利化和信息网络化程度的提高，各类人才不求所有但求所用的柔性引进制度悄然兴起，管理、数据等新型要素对柔性生产的支撑作用越来越强，不同发展基础的区域获取资源要素的路径更为通畅。欠发达地区也可以充分利用高速泛在的新一代信息基础设施，积极吸纳、引进知识、技术、管理、数据等新生产要素，加快推进传统产业转型升级，不断深化参与国际和国内产业分工，逐步打破传统路径依赖，实现在局部领域与发达地区从传统的垂直分工走向水平分工。

三、新科技革命和产业变革加速国内产业转移深化和新动能培育

新一轮科技革命和产业变革方兴未艾，新技术不断取得突破将创造出新产业，衍生出新业态和新模式，催生出区域经济发展新动能，激活传统产业转型升级，并推动新一轮产业转移。

（一）新科技革命和产业变革加速区域间、城市间产业转移

面对数字经济、人工智能、平台经济、生物经济等领域技术日新月异的突破性变化，每个地区都有抢抓机遇促使新技术、新动能喷薄而出的机会，传统产业改造升级也会齐头并进，并形成新一轮区域之间和城市之间的产业转移。从区域尺度看，东部沿海地区部分传统劳动密集型、资本密集型产业仍在向中西部地区进行梯度转移，同时东部地区在新一轮科技革命和产业变革中率先实现产业升级后，又将部分先进产业的生产链、技术链、价值链转移到中西部地区，东西部地区从部门分工、产品分工进一步拓展到产业链分工。从城市尺度看，城市群之间以及城市群内部的产业转移也在加快推进，越来越多的大城市开始实施“退二进三”战略，主动疏解非核心生产环节功能，周边中小城市面临更多承接产业转移的机遇。以长三角地区为例，大量劳动密集型产业和部分资本密集型产业从上海转移进入江苏，上海成为高端生产性服务业中心，周边的

苏州及其下辖昆山、常熟等地成为新的制造业基地。城市和区域间的产业转移伴随着先进制度和先进经验的“溢出效应”，有助于改善要素组合结构，缩小发达地区和欠发达地区发展差距。

（二）新科技革命和产业变革加快促进新动能培育

在新一轮科技革命和产业变革中，世界各国加大了对创新的投入力度，创新成果不断取得突破性进展，由此不断催生出新技术、新产业、新业态、新模式，培育新动能步伐明显加快。近年来，在云计算、大数据、物联网、5G 通信、区块链等新一代信息技术的驱动下，全球数字产业化和产业数字化程度不断加深，数字经济成为各地培育新动能的新支撑。2018 年，美国、英国、德国数字经济占本国国内生产总值的比重均高达 60%，韩国、日本、爱尔兰该比重均超过 40%；全球有数十个国家数字经济增长速度高达两位数，其中爱尔兰增长高达 19.5%，数字经济对拉动经济增长的作用非常显著。近年来我国数字经济发展较快，2018 年增速达到 17.5%，占全国国内生产总值的比重达 34.8%，但与发达国家相比还有较大发展潜力。在今年新冠肺炎疫情下，我国数字经济依然呈逆势上扬态势。未来随着新型基础设施不断完善，我国数字经济仍有望保持良好发展态势。

第二节

“十四五”时期我国区域发展面临的新矛盾

“十三五”期间，我国各地区贯彻落实党中央、国务院决策部署，充分发挥比较优势和基础潜力，区域发展态势总体良好。同时也要清醒认识到，在自然条件、发展水平、产业结构等存在差异，以及内外环境复杂变化等多方面因素叠加影响下，“十四五”期间，我国区域发展仍将面临诸多挑战。

一、东西差距没有发生根本性改变

尽管随着区域经济政策的不断完善、区域协调机制的不断健全，我国区域经济社会增长格局产生了明显变化，中西部地区经济增长速度高于东部地区成为区域发展的一大主旋律，但中西部与东部地区之间在经济规模、发展水平、创新活力、对外开放等关键方面的差距并没有明显缩小，近年来还呈现继续扩大态势。

从地区经济规模看，中西部与东部地区的绝对值规模差距仍在扩大。2015—2019 年，西部与东部地区生产总值差距从 22.7 万亿元扩大至 30.6 万亿元；中部与东部地区生产总值差距从 22.6 万亿元扩大至 29.2 万亿元。

从社会经济发展水平看，东部地区人均 GDP 已接近高收入国家，与中西部地区差距明显。2015—2019 年，东部地区人均 GDP 领先西部地区的差距由 3.2 万元扩大至 4.1 万元；东部地区人均 GDP 领先中部地区的差距由 3.0 万元扩大至 3.6 万元。

从创新活力看，东部地区牢牢掌握我国创新策源地地位，企业创新研发投入规模优势持续扩大。2015—2019 年，西部与东部地区规模以上工业企业 R&D 经费规模的差距由 5 876 亿元扩大至 7 326.7 亿元；中部地区与东部地区规模以上工业企业 R&D 经费规模的差距由 5 188.2 亿元扩大至 6 230.2 亿元。

从对外开放水平看，中西部地区货物进出口额增长迅速，但总体规模与东部地区差距仍呈现扩大态势。2015—2019 年，西部与东部地区在货物进出口总额规模上的差距由 3 万亿美元扩大至 3.2 万亿美元；中部与东部地区在货物进出口总额规模上的差距由 3 万亿美元扩大至 3.3 万亿美元。

二、南北分化成为区域协调发展的新挑战

近年来，南北方在经济规模和发展速度差距持续扩大，正成为我国区域协调发展的新挑战新问题。

从经济规模及增速看，自2013年以来，我国南北之间经济份额“南升北降”、经济增速“南快北慢”的态势已持续7年。2019年北方地区生产总值占全国的比重进一步下降为35.4%，为1952年以来的历史最低。2019年各省区市经济总量排名中，除山东、北京外，北方地区其他省区市的排名都处于下滑状态。2013年以来，黑龙江、辽宁、吉林、内蒙古、天津、甘肃等多个北方省区地区生产总值经历了断崖式下滑，东北、华北地区生产总值增速持续低于全国平均水平，北方地区生产总值增速已经连续5年落后南方地区1个百分点以上。2019年增速最快的10个省份有9个来自南方，西南板块持续处于我国增速第一方阵。

从经济发展水平看，南方地区人均GDP实现跨越之际，北方地区仍在“原地踏步”。2014—2019年间，南方地区人均GDP从8 193美元上升到11 294美元，有望在“十四五”时期顺利迈入高收入经济体门槛。反观北方地区人均GDP连续6年徘徊在8 000美元左右，跨越中等收入陷阱的动力明显放缓、时间明显延迟、难度明显加大。东北地区人均GDP在2011年就已超过6 000美元，2019年仍在6 000美元徘徊。

从创新水平看，北方地区全社会创新投入及活力明显弱于南方地区。2010—2018 年，北方研发经费投入占全国的份额从 43% 下降到 35.3%，发明专利申请受理量和实用新型专利申请受理量占全国比重分别从 35.3% 和 33.8% 下降到 28.4% 和 28.8%。1998 年国家统计局首次发布全社会 R&D 经费投入强度时，北方地区为南方地区的 156%。但到 2018 年，北方地区则只为南方地区的 98%。

从产业结构看，北方地区产业结构“依能倚重”，经济波动性大。山西、内蒙古、宁夏、甘肃、青海、新疆、黑龙江等北方省区能源原材料相关产业占工业比重均接近或超过 70%，高出全国平均水平 20 ~ 30 个百分点。2000—2012 年原材料产品需求旺盛、价格高企时，北方相关省区经济增速普遍高于南方地区。但随着市场需求和外部条件发生了变化，北方相关省区经济增长便“降温”明显。加上“重资产”造成的结构“刚性”，这些北方省区在调整和适应市场变化时，面临成本高、速度慢等问题。

三、区域板块内部分化日趋明显

除东中西部地区之间差距有所拉大，南北方经济发展分化加剧之外，我国四大板块内部各省区市之间分化也日益显著。

东部板块内部，京津冀、长三角、粤港澳大湾区三大动力源创新驱动、新动能培育态势良好，区域内省市增速明显高于其他东部地区。如长三角中的上海市、江苏省、浙江省 2019 年 GDP 增速分别为 6.0%、6.1%、6.8%，而同属东部地区的山东经济增速仅为 5.5%。东部地区一些省份内部发展态势差距也值得重视，以广东省为例，珠三角（广州、深圳、珠海、佛山、惠州、东莞、中山、江门、肇庆市）2019 年地区生产总值名义增速达到 7.2%，高出粤东北和西北地区（茂名、湛江、汕头、揭阳、清远、韶关、阳江、梅州、潮州、汕尾、河源、云浮市）3.2 个百分点。

中部板块内部，山西省经济发展“掉队”，增速与中部其他五省差距明显。湘赣鄂皖沿江四省作为长江经济带重要组成部分，充分发挥承东启西、连南接北的区位优势，加快对东部地区先进产业、技术、人才等关键要素的承接转移，推动经济快速发展。2019 年湘赣鄂皖四省地区生产总值增速均在 7.5% 以上。河南省紧抓郑州建设国家中心城市的机遇，加快培育枢纽经济，高端要素集聚能力显著提升，带动全省经济增长。2015—2019 年，河南省地区生产总值年增速均在 7.0% 以上。相较之下，产业结构明显“偏重”的山西省受制于近年来能源、原材料价格的持续下行，经济增长乏力、速度不快。

西部板块内部，西南与西北地区从 2015 年开始形成的增速差距仍在持续。2015—2019 年，西北地区生产总值年均增幅 6.2%，比西南地区低 6.7 个百分点；西北地区人均 GDP 从领先西南地区 10 343 元缩小到领先 3 474 元。2019 年，全国各省区市 GDP 增速前三名分别为贵州、云南、西藏，均位于西南地区。

东北板块内部，各城市经济增速普遍偏低，但城市间增速出现分化态势。大连、哈尔滨等城市各类资源集中度较高，“三去一降一补”步伐较快，近年来筑底企稳态势逐渐显现。大连自 2017 年以来已连续三年实现 6.5% 以上 GDP 年增速，哈尔滨 2017—2019 年增速也保持在 4.4% ~ 6.7%。相较之下，部分资源型城市转型发展压力仍较重，增速缓慢。

四、区域间行政壁垒依然存在

现阶段，各行政区域主体开放合作意识不足，地区之间在打破各种或明或暗的行政壁垒方面缺少主动性。

首先，行政区之间以邻为壑、恶性竞争等问题仍然存在，区域市场的歧视性、隐蔽性准入限制还比较突出，统一开放的全国性市场尚未形成。如在新能源汽车领域，目前仍有新能源汽车推广试点城市以备案为名设立地方“小目录”，私自保留了地方市场的准入限制，导致符合质量、标准的部分外地品牌产品难以进入地方市场。又如地方招商引资时，规定外地企业在进入本地市场时必须在当地注册法人单位、在当地建设生产基地等条件，无形中会造成各地间的低水平重复建设和低效率投资。

其次，省际公共服务共建共享存在诸多的体制机制障碍，全国性统筹规划难以实现，导致要素流动的自主性受挫。在各地财政空间日趋紧张的情况下，各地方政府对于建立城镇教育、就业创业、医疗卫生等基本公共服务与常住人口挂钩机制这一举措的积极性并不高，导致“人地钱”挂钩的政策没有很好落实。大城市为常住人口提供和改善基本公共服务的积极性、主动性不高这一现状，制约了人才的自主流动意愿。

五、跨区域利益共享共担机制仍不完善

现阶段，跨区域利益共享、风险共担机制仍不健全不完善，严重影响了各地合作发展的积极性。

一是共建园区在利益共享、风险共担等方面还缺乏有效的制度安排。当前“行政区经济”主导下的政绩考核等机制，给园区共建方政府之间的行政管理协调构成了较多体制障碍，影响了合作共建园区在税收分成、管理机构设立、土地审批和征地拆迁、污染物排放等方面共享共担机制的跟进完善。这导致合作双方有很多顾虑，难以开展更深层次的合作共建和利益共享，相关合作经验的总结复制推广也受到抑制。

二是城市群、都市圈范围内跨行政区的公共性、基础性项目合作共建上还存在不足。在轨道交通建设领域表现尤为突出，大多数核心城市的城市轨道交通、市郊铁路很少突破行政辖区范围，大多数城市群的城市轨道网还没有真正形成。在一些省际市际交接地区，还存在大量断头路，影响了人员往来、要素流动和区域合作。

三是流域间缺乏规范化、制度化的生态补偿机制，导致生态环境保护与发展成果难以实现共享、上下游公平性发展难以实现。

突出表现为流域上游地区承担了水源地保护职责，社会经济发展受限，但却未能得到合理补偿；下游地区因上游的生态保护贡献而降低了污染治理成本、获得了经济发展空间，但未提供相应补偿。

第三节

“十四五”时期我国区域发展的新趋势

“十四五”时期，面对外部环境和内部条件的深刻变化，我国区域发展可能呈现以下趋势。

一、在发展路径上，科技创新和体制创新成为区域高质量发展的重要路径

随着劳动力、土地等要素成本上升，支撑各地区快速发展的低成本优势明显减弱，科技创新成为区域发展新旧动能转换的必由之路。自 1996 年以来，我国明显加大了对科技创新的投入力度，科研经费支出总量及其占 GDP 的比重逐年提高，为加快创新引领区域高质量发展奠定了良好的基础。从 R&D 经费总量

看，1996—2019 年，我国 R&D 经费内部支出快速增长，从 404.48 亿元增加到 21 737 亿元，占 GDP 的比重从 1996 年的 0.57% 增加到 2019 年的 2.19%。自 2013 年开始，我国 R&D 经费总量稳居世界第二位，投入强度正在快速赶超发达国家平均水平。从创新成果看，我国专利授权量从 2015 年开始已跃居世界第一位。2018 年，北京（6.17%）、上海（4.16%）、广东（2.78%）、江苏（2.70%）、天津（2.62%）和浙江（2.57%）六省市的研发强度超过经济合作与发展组织国家 2017 年 2.37% 的平均研发强度，率先步入创新驱动发展新阶段。

随着区域竞争日趋激烈，良好的营商环境成为重要竞争优势。加快体制机制创新，推动营商环境取得质的突破成为吸引生产要素集聚，促进区域高质量发展的重要手段。党的十九大以来，我国“放管服”改革进一步深化，营商环境得到大幅改善。根据世界银行 2019 年 10 月发布的《全球营商环境报告 2020》，我国营商环境全球排名从 2017 年的第 78 位跃至 2018 年的第 46 位，2019 年再度升至第 31 位，跻身全球前 40 位，连续两年入列全球优化营商环境改善幅度最大的十大经济体，实现“二级跳”。2018 年上半年，国家发展改革委会同有关部门和地区，借鉴国际经验，从衡量企业全生命周期、反映城市投资吸引力、体现城市高质量发展水平三个维度，初步构建了中国特色、国际可比的指标体系，并在 22 个城市进行了试评价。评价结果显示：北京市精准制定“9+N”系列政策措施，在开办企业、办理建筑许可等方面的改革取得突破性进展，在第一批试评价城市中名列第一位，其中衡量企业全生命周期维度、反映城市投资吸引力维度均排名第一位；上海市印发实施了优化营商环境专项行动方案，在登记财产、跨境贸易、保护少数投资者等方面的改革成效明显，在衡量企业全生命周期维度排名第二位；深圳市制定出台“营商环境20条”，在体现城市高质量发展水平维度排名第一位。

二、在要素组织上，经济区在生产要素配置中发挥越来越重要作用

区域经济一体化已经成为区域经济发展的重要趋势。以行政区划组织经济活动容易导致行政分割、地区壁垒、同质化竞争，造成低水平供给和产能过剩，越来越不适应经济高质量发展要求。突破行政区划界限、以经济功能板块组织经济活动有利于发挥各地区的比较优势，有利于实现资源要素的高效配置，有利于形成优势产业链条和产业集群，正在成为经济活动的主要空间形态。

在区域协调发展战略指引下，我国加速了区域经济一体化进程。特别是东部地区，市场经济发育程度较高，社会主义市场经济体制活力不断释放，区域要素、商品和服务市场比较发达，相关区域和城市开展经济分工合作的需求迫切。如长三角地区在交通基础设施、基本公共服务、产业链分工等方面一体化已达到较高

水平。中西部地区在政府和市场的合力下，也在加速推进城市群一体化、都市圈同城化，逐步打破以行政区域为单位来配置生产要素的局面，在更广阔的经济区域内不断提升生产要素配置效率。

三、在空间载体上，中心城市和城市群成为区域发展的主要支撑

中心城市和城市群是区域经济发展的主要引擎。“十四五”时期是我国工业化和城镇化的深化期，中心城市和城市群依托良好的对外开放条件、资源配置能力和产业发展优势，将进一步集聚人口和生产要素，在加速新科技革命和产业变革、培育新经济增长点、促进更高水平对外开放等方面继续领跑，引领区域高质量发展。

“十三五”规划中提出了“19+2”城市群格局，城市群在我国区域经济发展格局中占有重要地位，仅京津冀、长三角、珠三角三大城市群就集中了全国1/3左右的总人口，创造了全国45%左右的GDP。这些城市群拥有众多高校、科研机构、高科技企业等创新主体以及国家级高新技术产业开发区、经济技术开发区等平台，综合创新能力强，对外开放程度高，营商环境国内一流，经济活动十分活跃，是驱动全国经济高质量发展的主要引擎。

四、在空间结构上，区域发展模式由增长极、点轴向串珠式、网络化演进

总体来看，随着高速铁路、高速公路、信息网络等基础设施的快速发展，中心城市与周边地区的时空距离大大缩短，要素流动和产业分工合作日益密切，中心城市在集聚优质生产要素的同时对周边地区的辐射带动作用也越来越强，一些中小城市抓住产业链的某个环节发展成为与中心城市相配套的专业化中心，主要经济活动从中心城市向区域整体扩散，多中心、网络化、开放式的区域开发格局逐步形成。

这一态势在发达地区，特别是长三角、粤港澳大湾区已经比较明显。这些地区发展水平较高，有的城市已进入城镇化中后期和后工业化时期，交通基础设施密度高，中心城市与周边中小城市经济联系紧密，呈现出多中心、网络化、开放式区域开发格局。例如，在长三角地区，除了上海市已达到世界一流开发发展水平外，近年来，苏州、南京、杭州等大型城市快速跟进，昆山、义乌等一批中小城市也异军突起，通过现代化综合交通网络体系将各类城市紧密地联系在一起，整体上已经形成高质量发展的网络化开发格局。

五、在功能体系上，生态功能区、农产品主产区的地位日益凸显

生态功能区、农产品主产区是保障国家生态安全和粮食安全的重要区域，在我国区域功能体系中的地位越来越重要。伴随我国社会主要矛盾转化为人民日益增长的美好生活需要和不平衡不充分的发展之间的矛盾，人民群众追求良好生态、食品安全的愿望越来越强烈，这对建设高质量发展的生态功能区和农产品主产区，满足人民群众对优质生态产品和农产品的需要提出了更高要求。

生态功能区具有生态调节、产品提供、人居保障等功能。全国生态保护极重要区面积为343.6万平方公里，较重要区面积为204.6万平方公里，分别占全国国土面积的35.8%与21.3%，合计占国土面积的57.1%，提供了全国水源涵养总量的82.6%，保护生物多样性的自然栖息地总面积的75.9%，土壤保持总量的88.3%，固沙总量的64.3%。

农产品主产区直接关系到人民群众的米袋子和菜篮子，在主体功能区体系中的地位也日益突出，对保障14亿人口的粮食安全具有重要意义。根据《国家粮食安全中长期规划纲要（2008—2020年）》，我国粮食主产区包括河南、河北、内蒙古、辽宁、吉林、黑龙江、江苏、山东、湖北、湖南、江西、安徽、四川13个省份。2010—2019年，粮食主产区在全国的生产地位有所上升，生产粮

食从 42 628 万吨提高到 52 371 万吨，增长 22.86%，占全国粮食总量的比重从 76.24% 提高到 78.89%，提高了 2.65 个百分点。在和平时期，个别粮食品种的供给缺口可以通过国际市场得到补充。但当面对重大疫情、重大自然灾害、重大战争等突发事件时，由于我国人口众多，世界上没有任何一个国家可以完全满足我国的粮食需求。因此，必须在区域发展中更加重视粮食主产区的功能，统筹考虑农产品总量生产、结构优化与食品安全等问题，坚决把粮食安全的主动权牢牢把握在我们自己手中。

学习贯彻习近平新时代中国特色社会主义经济思想
做好“十四五”规划编制和发展改革工作
系列丛书

第五章

“十四五”时期实施区域发展战略的总体考虑

2019年8月26日，习近平总书记在中央财经委员会第五次会议上发表重要讲话，明确指出，新形势下促进区域协调发展，总的思路是：按照客观经济规律调整完善区域政策体系，发挥各地区比较优势，促进各类要素合理流动和高效集聚，增强创新发展动力，加快构建高质量发展的动力系统，增强中心城市和城市群等经济发展优势区域的经济和人口承载能力，增强其他地区在保障粮食安全、生态安全、边疆安全等方面的功能，形成优势互补、高质量发展的区域经济布局。[1] 这为“十四五”时期推动实施区域发展战略提供了根本遵循和明确指引。

[1]《推动形成优势互补高质量发展的区域经济布局》（2019年8月26日），《求是》2019年第24期。

第一节

“十四五”时期实施区域发展战略的总体思路

“十四五”时期是我国全面建成小康社会、实现第一个百年奋斗目标之后，乘势而上开启全面建设社会主义现代化国家新征程、向第二个百年奋斗目标进军的第一个五年。要继续以四大板块为基础，以重大区域发展战略为引领，更好发挥中心城市和城市群作用，建立更加有效的区域协调发展新机制，推动形成优势互补、高质量发展的区域经济布局。

一、指导思想

以习近平新时代中国特色社会主义思想为指导，全面贯彻党的十九大和十九届二中、三中、四中全会精神，紧紧围绕统筹推进

“五位一体”总体布局和协调推进“四个全面”战略布局，深入贯彻习近平总书记关于区域发展战略的重要论述，认真落实党中央、国务院决策部署，坚持新发展理念，坚持稳中求进工作总基调，紧扣我国社会主要矛盾变化，按照高质量发展要求，以供给侧结构性改革为主线，立足各地区比较优势，完善区域政策体系，把握从差别化到精准化、从面上覆盖到点上发力的政策需求，科学合理确定不同区域的发展任务，建立更加有效的区域协调发展新机制，以京津冀协同发展、粤港澳大湾区建设和长江三角洲区域一体化发展等为引领，以长江经济带发展、黄河流域生态保护和高质量发展为依托，以农产品主产区、重点生态功能区为保障，统筹西部、东北、中部、东部四大板块发展，加快形成优势互补高质量发展的区域经济布局。

二、基本原则

习近平总书记指出，我国经济由高速增长阶段转向高质量发展阶段，对区域协调发展提出了新的要求。不能简单要求各地区在经济发展上达到同一水平，而是要根据各地区的条件，走合理分工、优化发展的路子。不平衡是普遍的，要在发展中促进相对平衡。这是区域协调发展的辩证法。[1] 为此，在推进区域发展工作过程中，要把握以下五个方面

[1]《推动形成优势互补高质量发展的区域经济布局》（2019 年 8 月 26 日），《求是》2019 年第 24 期。

原则。

（一）坚持尊重客观规律

尊重经济规律，要破除资源流动障碍，使市场在资源配置中起决定性作用，促进各类生产要素自由流动并向优势地区集中，推动形成全国统一大市场，打破地区分割和利益藩篱，引导资源要素按照市场需求高效配置，切实提高区域发展效率。尊重自然规律，要把人的发展融入自然界的大系统之中，顺应人地关系自然演化过程，深入推进生态文明建设，践行绿水青山就是金山银山的理念。尊重社会规律，要更加注重包容性发展，推动欠发达地区加快发展，满足人民日益增长的美好生活需要。

（二）坚持发挥比较优势

各扬所长，宜水则水、宜山则山，宜粮则粮、宜农则农，宜工则工、宜商则商。经济发展条件好的地区要承载更多产业和人口，发挥价值创造作用。生态功能强的地区要得到有效保护，创造更多生态产品。要支持粮食主产区发展，扩大粮食主产区储备加工能力，为保障国家粮食安全作出贡献。要考虑国家安全因素，增强边疆地区发展能力，使之有一定的人口和经济支撑，以促进民族团结和边疆稳定。

（三）坚持协调联动发展

发挥重大区域发展战略实施的引领作用，持续优化区域、陆海空间关系，促进东中西协调、南北方互动和陆海统筹发展，深化发达地区和欠发达地区合作，强化重大区域发展战略融合发展，优化区域分工协作格局，促进不同区域新旧动能协同转换，全国一盘棋统筹资源要素配置，实现区域梯级联动、合理分工、协调互补和共同发展。

（四）坚持精准分类施策

从我国区域间发展条件差异很大的实际出发，由依托区域板块转向培育经济板块，由以行政区为基础转向以类型区为基础，细化和优化区域政策单元，提高区域政策的精准性，制定差异化区域政策，引导各地区依据比较优势，精准发力，拉长长板，精干主业，把优势做强、强项做大，提升竞争力，引导各地区探索各有所长、富有地域特色的高质量发展路子。

（五）坚持共享发展成果

践行以人民为中心的发展思想，坚持发展为了人民、发展依靠人民、发展成果由人民共享，把增进人民福祉、促进人的全面发展作为发展的出发点和落脚点，着力保障和改善民生，紧扣基本公共服务均等化目标，实施区域协调发展战略，补齐城乡区域间资源配置不均衡、硬件软件不协调、服务水平差异较大等短板，缩小基本公共服务差距，使各地区群众共享发展成果。

三、发展目标

坚持问题导向、目标导向和结果导向相结合，发挥重大区域发展战略实施引领作用，力争到“十四五”时期末我国区域发展不平衡不充分问题得到进一步缓解，区域协调发展再上新台阶。

（一）重大区域发展战略引领作用强劲

京津冀、长三角、粤港澳大湾区引领全国高质量发展。京津冀协同发展深入推进，北京非首都功能疏解取得突破性进展。长江三角洲区域一体化进程加快，各领域高质量一体化发展再上新台阶。粤港澳大湾区建设有力推进，香港、澳门更好地融入国家发展大局。长江经济带建设取得显著成效，黄河流域生态保护和高质量发展取得阶段性进展，长江和黄河母亲河得到充分休养生息。

（二）区域协调机制更加健全有力

按照客观经济规律调整完善区域政策体系，区域战略、规划和政策举措进一步优化，基本建立健全区域战略统筹机制、基本公共服务均等化机制、区域政策调控机制和区域发展保障机制等，区域合作机制、互助机制进一步完善，区域市场一体化发展机制和区际利益补偿机制取得突破性进展，区域政策在国家宏观调控体系的功能作用进一步凸显。充分发挥各地区比较优势，增强中心城市和城市群等经济发展优势区域的经济和人口承载能力，增强其他地区在保障粮食安全、生态安全、边疆安全等方面的功能。保障民生底线，推进基本公共服务均等化，在发展中营造平衡。

（三）各具特色的高质量发展之路初步形成

各地区比较优势得到更好发挥，各类要素合理流动和高效集聚，创新发展动力进一步增强，区域发展新动能基本形成，高质量发展的动力系统加快构建，积极探索走出一条符合地方特色和实际的高质量发展路子。四大板块和南北相对差距逐步缩小，区域发展差距保持在合理区间内，区域发展的协调性持续增强。重大区域功能平台深化改革、扩大开放，成为区域经济发展的新引擎新示范。

（四）区域补短板强弱项成效明显

发达地区和欠发达地区之间合作深化，东部沿海产业有序向中西部和东北地区转移，一批关系欠发达地区发展的交通、能源、信息等基础设施项目有力实施，中西部和东北地区的内生发展动力进一步增强，各地区居民就业岗位供给得到充分保障，相对落后地区公共服务水平显著提升，各地区基本公共服务均等化程度大幅提高，基础设施通达程度进一步提升，人民基本生活保障水平差距显著缩小。

第二节

推动形成优势互补高质量发展的区域经济布局

党的十九届四中全会提出要构建区域协调发展新机制，形成主体功能明显、优势互补、高质量发展的区域经济布局。从我国区域经济发展特点看，中心城市和城市群等优势区域具有高效的资源要素配置效率和强大的经济发展活力，是经济增长的动力源和增长极，相比之下农产品主产区、重点生态功能区以及特殊类型地区集聚人口和经济要素的能力有限，相应地应注重在保障国家粮食安全、生态安全等方面发挥作用，走特色高质量发展路子。因此，应以因地制宜高质量发展为主题，推动形成主体功能凸显、比较优势彰显的区域经济布局。

一、打造引领高质量发展的动力源

（一）京津冀协同发展

要以疏解北京非首都功能为“牛鼻子”，聚焦雄安新区和北京城市副中心两翼建设，调整区域经济结构和空间结构，探索超大城市、特大城市等人口经济密集地区有序疏解功能、有效治理大城市病的优化开发模式。一是积极稳妥有序疏解北京非首都功能。坚持严控增量和疏解存量相结合，内部功能重组和向外疏解转移双向发力，稳妥有序推进实施。研究构建北京非首都功能疏解政策体系，统筹兼顾各方利益，形成引导和倒逼效应。二是高标准高质量建设雄安新区。严格落实雄安新区有关规划，聚焦启动区、起步区，推进重大工程项目和公共服务配套建设，努力打造北京非首都功能疏解集中承载地、高水平社会主义现代化城市、推动高质量发展的全国样板。三是深入推进北京市城市副中心与河北省北三县协同发展。加快推进北京城市副中心建设和功能布局，提升北京市通州区和河北省三河、大厂、香河三县市协同发展水平。推进北京中心城区空间与功能优化，提升中心城区行政管理效率和为中央政务服务职能。四是深度推进重点区域协同发展。支持天津滨海新区传统产业转型升级和高端制造业发展壮大，推动天津港打造世界一流的智慧港口、绿色港口，加快张家口首都水源涵养功能区和生态环境支撑区建设。五是大力推动改革开放创新。加快北京全国科技创新中心建设，推进天津、河北协同创新平台建设，贯通京津冀科技成果转化产业链条。加快区域产业转移和优化升级，打造国际前沿技术和产业发展集群。推进京津冀统一市场建设，提升区域对外开放水平。六是加快完善区域一体化综合交通网络体系。加快推进京津冀城际铁路建设，构建“轨道上的京津冀”。进一步提高京津冀机场群、港口群协同合作水平。七是持续加强生态环境协同治理和保护。打好蓝天、碧水、净土保卫战，增加清洁能源供应，调整能源消费结构，持之以恒推进京津冀地区生态建设，加快形成节约资源和保护环境的空间格局、产业结构、生产方式、生活方式。八是加快提升基本公共服务均等化水平。促进京津优质教育医疗资源向河北延伸，推动文化旅游资源一体化开发利用。发挥好京津对口帮扶机制的作用，巩固扩大河北省脱贫成果，建立健全脱贫防贫长效机制，提高可持续发展能力。

（二）粤港澳大湾区建设

推进粤港澳大湾区建设是丰富“一国两制”的新实践，国际上没有先例。要坚持“一国两制”、依法办事，密切内地与港澳的交流合作，提升国际竞争力，汇聚全球创新要素资源，将粤港澳大湾区建设成为更具活力的经济区、宜居宜业宜游的优质生活圈和内地与港澳深度合作的示范区，打造国际一流湾区和世界级城市群，成为我国高质量发展的典范，辐射带动中部、西南地区发展。一是建设充满活力的世界级城市群。依托香港、澳门作为自由开放经济体和广东作为改革开放排头兵的优势，继续深化改革、扩大开放，在构建经济高质量发展的体制机制方面走在全国前列、发挥示范引领作用，加快制度创新和先行先试，建设现代化经济体系，更好融入全球市场体系，建成世界新兴产业、先进制造业和现代服务业基地，建设世界级城市群。二是建设具有全球影响力的国际科技创新中心。瞄准世界科技和产业发展前沿，加强创新平台建设，大力发展新技术、新产业、新业态、新模式，加快形成以创新为主要动力和支撑的经济体系；扎实推进全面创新改革试验，充分发挥粤港澳科技研发与产业创新优势，破除影响创新要素自由流动的瓶颈和制约，进一步激发各类创新主体活力，建成全球科技创新高地和新兴产业重要策源地。三是打造“一带一路”建设的重要支撑。更好地发挥港澳在国家对外开放中的功能和作用，提高珠三角九市开放型经济发展水平，促进国际国内两个市场、两种资源有效对接，在更高层次参与国际经济合作和竞争，建设具有重要影响力的国际交通物流枢纽和国际文化交往中心。聚焦重点领域加强规则衔接。进一步优化大湾区基础设施和公共服务，推动要素高效便捷流动。充分发挥香港市场化、法治化、国际化营商环境的示范作用，推动大湾区各城市相互借鉴、取长补短，加快建立与国际高标准投资和贸易规则相适应的规则体系。四是建设内地与港澳深度合作示范区。依托粤港澳良好合作基础，充分发挥深圳前海、广州南沙、珠海横琴等重大合作平台作用，探索协调协同发展新模式，深化珠三角九市与港澳全面务实合作，促进人员、物资、资金、信息便捷有序流动，为粤港澳发展提供新动能，为内地与港澳更紧密合作提供示范。五是共建宜居宜业宜游的优质生活圈。坚持以人民为中心的发展思想，践行生态文明理念，充分利用现代信息技术，实现城市群智能管理，优先发展民生工程，提高大湾区民众生活便利水平，提升居民生活质量，为港澳居民在内地学习、就业、创业、生活提供更加便利的条件，加强多元文化交流融合，建设生态安全、环境优美、社会安定、文化繁荣的美丽湾区。

（三）长江三角洲区域一体化发展

长三角地区国际化、市场化程度高，一直以来是我国一体化水平较高的区域。要紧扣"一体化"和"高质量"，通过深入推进区域一体化实现高质量发展，通过高质量发展促进更深层次一体化，最终打造全国发展强劲活跃增长极、全国高质量发展样板区、率先基本实现现代化引领区、区域一体化发展示范区、新时代改革开放新高地。一是推动形成区域协调发展新格局。上海要提升城市能级和竞争力，围绕国际经济、金融、贸易、航运和科技创新"五个中心"建设强化大都市核心功能。苏浙皖要发挥比较优势，强化分工合作、错位发展，提升区域整体发展水平和效率，充分利用上海在资本、信息、人才、技术、品牌、管理等方面的优势，提升区域合作联动水平。二是加强协同创新产业体系建设。发挥上海张江、安徽合肥两大综合性国家科学中心的作用，加强科技创新前瞻布局和资源共享，推动重大科技基础设施集群化发展，集中突破一批“卡脖子”的关键技术瓶颈。同时，要打通原始创新向现实生产力转化通道，打造全国原始创新策源地、科技成果转化高地。三是加强重点领域合作。深化交通能源、科创、产业、信息化、信用、环保、公共服务、商务金融等领域合作，加快促进基础设施互联互通、生态环境共保联治、公共服务便利共享，切实增强长三角经济创新力和竞争力。四是推进更高水平协同开放。利用好中国国际进口博览会、虹桥国际开放枢纽等，打造长三角对外开放平台。上海自贸试验区临港新片区要进行更深层次、更宽领域、更大力度的全方位高水平开放，努力成为集聚海内外人才开展国际创新协同的重要基地、统筹发展在岸业务和离岸业务的重要枢纽、企业走出去发展壮大的重要跳板、更好利用国际国内两个市场、两种资源的重要通道、参与国际经济治理的重要试验田。五是创新一体化发展体制机制。坚持全面深化改革，破除制约一体化发展的行政壁垒和体制机制障碍，建立统一规范的制度体系，形成要素自由流动的统一开放市场。六是加快推进一体化示范区建设。率先探索将生态优势转化为经济社会发展优势、从项目协同走向区域一体化制度创新，打破行政边界，不改变现行的行政隶属关系，实现共建共管共享共赢的一体化治理新模式。

二、培育高质量发展的增长极

习近平总书记指出，我国区域发展动力极化现象日益突出，经济和人口向大城市及城市群集聚的趋势比较明显。[1] 中心城市和城市群正在成为承载发展要素的主要空间形式，更是支撑国民经济社会发展的重要增长极。

（一）高质量发展的增长极的提出及其内涵

“十三五”规划提出建设京津冀、长三角、珠三角、山东半岛、海峡西岸、哈长、辽中南、中原、长江中游、成渝、关中平原、北部湾、山西中部、呼包鄂榆、黔中、滇中、兰州—西宁、宁夏沿黄、天山北坡等 19 个城市群（见表 5–1）。积极培育高质量发展的增长极，积极推动长江中游、成渝、关中、中原、呼包鄂榆、哈长、沈大、山东半岛等经济区规划建设加快经济转型升级，增强集聚能力和辐射作用，打造成引领区域经济发展的重要增长极地区。在具备条件的内陆非省会城市打造一批高端制造业腹地，承接超大城市部分功能，实现主业清晰、绿色和谐、功能互补、各具优势、协同发展，逐步改变内陆省份单核发展的局面，拓展区域发展战略纵深。

[1]《推动形成优势互补高质量发展的区域经济布局》（2019 年 8 月 26 日），《求是》2019 年第 24 期。

表 5-1　19 个城市群 GDP 和人口占比变化

城市群名称	城市数量	地区生产总值占比			常住人口占比			常住人口增长
		2010 年	2018 年	提高	2010 年	2017 年	提高	
	个	%	%	百分点	%	%	百分点	万人
京津冀	13	9.79	9.11	–0.68	7.79	8.07	0.28	783.80
长三角	26	18.41	19.29	0.88	10.71	11.07	0.36	1 043.24
珠三角	9	8.43	8.75	0.32	4.19	4.49	0.30	629.31
山东半岛	17	9.04	8.39	–0.64	7.15	7.20	0.05	423.53
海峡西岸	11	4.01	4.52	0.51	4.12	4.16	0.04	268.70
哈长	11	3.82	2.89	–0.93	3.65	3.46	–0.19	–80.93
辽中南	12	4.44	2.64	–1.80	2.90	2.82	–0.08	25.04
中原	24	6.06	6.13	0.07	8.91	8.83	–0.08	332.35
长江中游	31	7.74	9.01	1.27	8.95	8.96	0.01	464.63
成渝	17	5.29	6.30	1.01	7.33	7.38	0.05	430.03
关中平原	12	2.08	2.24	0.16	3.19	3.18	–0.01	140.16
北部湾	15	2.02	2.18	0.16	2.97	3.01	0.04	212.05
山西中部	5	0.98	0.94	–0.04	1.14	1.14	0	63.60
呼包鄂榆	4	1.97	1.45	–0.52	0.81	0.82	0.01	65.54
黔中	6	0.80	1.29	0.49	1.94	1.94	0	103.21
滇中	5	1.11	1.22	0.11	1.63	1.63	0	93.95
兰州—西宁	9	0.60	0.64	0.04	1.09	1.09	0	65.26
宁夏沿黄	4	0.32	0.37	0.05	0.38	0.40	0.02	51.65
天山北坡	4	0.62	0.60	–0.02	0.41	0.45	0.04	68.13
合计	235	87.53	87.96	0.43	79.25	80.11	0.86	5 183.25

资料来源：根据有关统计数据整理。

（二）增强中心城市和城市群经济和人口承载能力

党的十九大报告进一步明确，要“以城市群为主体构建大中小城市和小城镇协调发展的城镇格局”。从国际经验看，中心城市、都市圈、城市群是区域空间拓展中城市发展形成的不同空间结构。

加快中心城市建设，增强区域辐射带动能力。以19个城市群核心城市为重点，加快完善世界城市、国家中心城市和区域性中心城市功能，增强区域辐射带动能力，引领区域经济发展。其中，北京、上海、广州、深圳加快建设世界城市，天津、重庆、沈阳、南京、武汉、成都、西安、杭州、青岛、郑州、厦门等建设国家中心城市，其余城市群核心城市重点建设成为区域性增长极。这些城市是全国政治、金融、贸易、文化中心和信息、交通枢纽，对内承担区域辐射功能和带动我国经济转型的战略职能，对外则是我国对外开放的门户和连接世界经济的桥梁。中心城市建设应在以下方面着重发力。一是要增强高端生产要素和创新要素的集聚能力；二是要强化对全球和全国生产要素的配置能力；三是要进一步提升交通信息枢纽功能；四是要加强人力资本培育，增强城市自我可持续、高质量发展的内生动力。

加快培育大都市圈，引领城市群发展，促进区域协调发展。都市圈是以一个中心城市为核心，以发达的联系通道为依托，吸引及辐射周边城市和区域的一体化城市组合体（见表5-2）。一方面，都市圈是城市群的核心，是推动城市群健康高质量发展必不可少的一环；另一方面，都市圈是促进中心城市和周边地区实现通勤高效、城乡一体、协同发展的空间组织形态，也是推动小城镇发展和乡村振兴的地域依托。

表 5-2　城市群发展规划中的都市圈建设表述

城市群	都市圈建设相关内容
成渝城市群	充分发挥成都的核心带动功能，加快与德阳、资阳、眉山等周边城市的同城化进程，共同打造带动四川、辐射西南、具有国际影响力的现代化都市圈。重庆以主城区为核心，以城市发展新区为腹地，联动沿江城市带和四川毗邻城乡发展，构建具有国际影响力的现代化大都市区
关中平原城市群	西安、咸阳主城区及西咸新区为主组成的大西安都市圈：推动西安—咸阳一体化发展，按程序合理调整行政区划，打造带动西北、服务国家“一带一路”建设、具有国际影响力的现代化都市圈
哈长城市群	强化哈尔滨、长春的带动作用，打造引领城市群发展的都市圈
长江三角洲城市群	推动南京都市圈、杭州都市圈、合肥都市圈、苏锡常都市圈、宁波都市圈的同城化发展
长江中游城市群	全面加快武汉城市圈一体化建设，推进武汉与鄂州、孝感、咸宁、黄冈、黄石等同城化发展
中原城市群	推动郑州与周边毗邻城市融合发展，形成带动周边、辐射全国、联通国际的核心区域

资料来源：根据相关城市群发展规划整理。

《国民经济和社会发展第十三个五年规划纲要》指出，超大城市和特大城市要加快提高国际化水平，适当疏解中心城区非核心功能，强化与周边城镇高效通勤和一体发展，促进形成都市圈。都市圈培育应在以下方面着重发力。一是科学规划大都市圈建设，合理确定大都市圈范围，统筹安排生产、生活和生态空间，明确大都市圈内各地区定位；二是建设便捷高效、互联互通的现代化基础设施网络；三是根据各城市定位，以价值链分工深化都市圈内部经济联系，形成以核心城市为主导，其他城市紧密参与，彰显优势、协调合作的现代化产业体系；四是提供高水平、均等化公共服务，缩小各地区之间公共服务差距。

因时施策，推动处于不同发展阶段的城市群加快建设。发挥城市群成为组织生产和生活、承载发展要素重要空间形式的关键作用，推动人口、要素按照规律有序流动、高效集聚，有力带动和支撑区域经济发展。一是推动成渝地区双城经济圈建设，在西部形成高质量发展的重要增长极。成都突出航空港、科技创新等优势，重庆突出航运、开放等优势，加强成都、重庆分工合作。加快推进南北向通道建设，强化与西北腹地的联系，提升连通西北、西南的通道效率，构筑从大西北直抵印度洋的大通道。发挥科技创新、互联网、电子信息等产业优势，布局以新一代互联网为基础的新型基础设施和现代产业体系。支持成都、重庆布局一批高端要素集聚和发展平台，形成支持跨国产业分工体系的物流、金融结算等服务系统。密切与西北地区的联系，促进解决西部地区的南北分化问题，形成支撑西部大开发新格局的重要引擎。二是优化长江中游等城市群组织模式，发挥武汉教育、科技、航运等要素优势，加快推进北沿江高铁等东西向高铁通道，提升航空港枢纽地位和国际化水平，增强光电通信、装备制造、生物医药、地理测绘技术等领域竞争力，促进东西南北联动，增强战略支撑能力。三是提升山东半岛、海峡西岸、北部湾等沿海城市群功能，发挥这三个城市群地处沿海的区位优势，从优化全国产业分工体系出发，加快构筑面向未来的产业体系，增加土地等生产要素供应的灵活性，赢得更大发展空间，加快创新驱动、产业升级和海陆统筹发展，建设成为我国参与国际竞争的重要支撑区域，促进东部更高质量率先发展。四是密切关注哈长、呼包鄂榆、兰州—西宁等城市群发展动向和人口流向，进一步改善内部基础设施条件，明确产业分工和错位发展，实现特色化、专业化发展，改善营商环境，提升城市品质。

（三）着力提升战略性接续成长城市的现代化经济势能

战略性接续成长城市是指在新时代背景下，对解决区域发展不平衡不充分有重大意义、发展基础和条件较好、区位交通改善明显、比较优势效应在加快释放、经济实力快速提升、发展潜力大的“胡焕庸线”以东内陆中等或Ⅱ型大城市。在中西部和东北地区选择建设一批发展基础和势头较好的战略性接续成长城市，将有利于进一步发挥我国地理空间广阔、发展梯度大的优势，有利于加快补齐区域发展的短板、防止大城市病和有序推动东部沿海地区产业梯度转移。要重点培育这些城市在要素集聚配置、创新、枢纽、辐射带动等方面的区域性中心城市功能，分担省会城市的部分功能，积极承接东部沿海产业转移，强化对周边其他城市的辐射带动作用，打造成为各省区新的经济增长极，改变单一依靠省会城市支撑带动全省发展的局面。

三、建设高质量发展的农产品主产区

粮食安全是我国经济社会发展的保障，要加快建立粮食生产功能区和重要农产品生产保护区，确保国家粮食安全和保障重要农产品有效供给，在农产品主产区内集中力量建设一批基础条件好、生产水平高、调出量大的特色现代农业经济区。加强以东北平原、黄淮海平原、长江流域、汾渭平原、河套灌区、华南、甘肃新疆主产区等“七区二十三带”为主体的农产品主产区建设（见表 5–3），严格保护耕地，大规模推进高标准农田建设，稳定粮食生产，发展现代农业，增强农业综合生产能力，确保国家粮食安全。严格保护市郊永久基本农田，重点发展现代都市农业，增强粮食保障能力。

表 5–3 “七区二十三带”农业战略格局

主产区	农产品产业带
东北平原	建设以优质粳稻为主的水稻产业带，以籽粒与青贮玉米为主的专用玉米产业带，以高油大豆为主的大豆产业带，以肉牛、奶牛、生猪为主的畜产品产业带
黄淮海平原	建设以优质强筋、中强筋和中筋小麦为主的优质小麦产业带，优质棉花产业带，以籽粒与青贮兼用和专用玉米为主的专用玉米产业带，以高蛋白大豆为主的大豆产业带，以肉牛、肉羊、奶牛、生猪、家禽为主的畜产品产业带
长江流域	建设以双季稻为主的优质水稻产业带，以优质弱筋和中筋小麦为主的优质专用小麦产业带，优质棉花产业带，“双低”优质油菜产业带，以生猪、家禽为主的畜产品产业带，以淡水鱼类、河蟹为主的水产品产业带

续表

主产区	农产品产业带
汾渭平原	建设以优质强筋、中筋小麦为主的优质专用小麦产业带，以籽粒与青贮兼用型玉米为主的专用玉米产业带
河套灌区	建设以优质强筋、中筋小麦为主的优质专用小麦产业带
华南	建设以优质高档籼稻为主的优质水稻产业带，甘蔗产业带，以对虾、罗非鱼、鳗鲡为主的水产品产业带
甘肃新疆	建设以优质强筋、中筋小麦为主的优质专用小麦产业带，优质棉花产业带

资料来源：《全国主体功能区规划》。

四、构建高质量发展的重要生态安全屏障

随着生态文明建设的深化推进和人民对优美生态环境的需求不断增加，绿色发展日益成为高质量发展的普遍形态。要加强重点生态功能区生态保护，巩固提升生态服务功能，加快建设国家生态安全屏障。

建设“两屏三带”重要生态安全屏障。构建以青藏高原生态屏障、黄土高原—川滇生态屏障、东北森林带、北方防沙带和南方丘陵山地带“两屏三带”为骨架，以国家重点生态功能区和以国家公园为主体的自然保护地为支撑的国家生态安全屏障（见表 5–4）。推动各省（区、市）加强生态环境保护，构建本底生态安全屏障。加强区域协同，推动共建跨区域生态安全屏障，提供更多优质生态产品或生态服务。

表 5–4　国家重点生态功能区类型划分

类型	功能区
水源涵养型 （我国重要江河源头和重要水源补给区）	大小兴安岭森林生态功能区、长白山森林生态功能区、阿尔泰山地森林草原生态功能区、三江源草原草甸湿地生态功能区、若尔盖草原湿地生态功能区，甘南黄河重要水源补给生态功能区、祁连山冰川与水源涵养生态功能区、南岭山地森林及生物多样性生态功能区
水土保持型 （土壤侵蚀性高、水土流失严重、需要保持水土功能的区域）	黄土高原丘陵沟壑水土保持生态功能区、大别山水土保持生态功能区、桂黔滇喀斯特石漠化防治生态功能区、三峡库区水土保持生态功能区
防风固沙型 （沙漠化敏感性高、土地沙化严重、沙尘暴频发并影响较大范围的区域）	塔里木河荒漠化防治生态功能区、阿尔金草原荒漠化防治生态功能区、呼伦贝尔草原草甸生态功能区、科尔沁草原生态功能区、浑善达克沙漠化防治生态功能区、阴山北麓草原生态功能区
生物多样性维护型 （濒危珍稀动植物分布较集中、具有典型代表性生态系统的区域）	川滇森林及生物多样性生态功能区、秦巴生物多样性生态功能区、藏东南高原边缘森林生态功能区、藏西北羌塘高原荒漠生态功能区、三江平原湿地生态功能区、武陵山区生物多样性及水土保持生态功能区、海南岛中部山区热带雨林生态功能区

资料来源：《全国主体功能区规划》。

促进大江大河流域生态保护。围绕长江经济带发展、黄河生态文明建设等大江大河和重点流域，按照生态优先、绿色发展的要求，推进上下游、左右岸协同联动保护，鼓励流域上下游地区通过资产补偿、对口协作、产业转移、人才培训、共建园区等方式，建立流域上下游横向补偿关系。

五、促进各大战略区和功能区域衔接融合互动

国家各重大区域发展战略间要突出其战略重点，彼此呼应，融合发展，形成分工合理的经济高质量发展格局。

（一）统筹京津冀协同发展、粤港澳大湾区建设、长江三角洲区域一体化发展，打造三大世界创新增长极，引领东部沿海经济带发展

京津冀、粤港澳大湾区、长三角地区发展规模经济效应开始显现，基础设施密度和网络化程度全面提升，创新要素开始集聚，新的主导产业快速发展。统筹京津冀协同发展、粤港澳大湾区建设、长江三角洲区域一体化发展三大重大区域发展战略，可为其他战略实施提供先行示范。一方面，要加强三大战略在重大项目规划、产业发展、制度创新、政策供给等方面的沟通，避免政策冲突、重复建设。另一方面，要加强三大战略区域在基础设施、金融市场、科技创新等方面的互联互通，促进人才、资本、数据、技术等要素全方位流动，大力培育新业态新模式，加快新旧动能转换，促进产业迈向全球价值链中高端，参与全球竞争，构建东部沿海地区高质量发展的经济带。

（二）以长江经济带发展、黄河流域生态保护和高质量发展为依托，构建南北互动、东中西联动的发展格局

长江、黄河作为我国的母亲河，一南一北，横跨我国东中西部，区域战略的范围大，流域经济特征明显，既是我国南北方合作的主要力量，也是我国统筹东中西部协调发展的重要空间载体。长江经济带发展的关键在于处理好保护和发展的关系，走出绿色发展的新路子，同时处理好长江下中上游三大城市群之间的协调发展关系，理顺长江流域不同发展层级区域之间的互动和补偿机制关系。黄河流域生态保护和高质量发展的关键在于协调上中下游共同抓好大保护，处理好资源环境承载能力与经济高质量发展之间的关系，协同推进大治理，确保黄河安澜。

推动长江、黄河两大战略融合发展，要充分发挥长江流域创新动力足、产业基础强、营商环境较好的优势，发挥黄河流域自然资源丰富、农业实力强、消费升级市场广阔的优势，促进两大流域产业合作、人才合作、资金合作，带动南北方地区经济发挥比较优势，实现互动发展。要推动两大流域与沿海纵轴，包括京津冀、长三角、粤港澳、海南等重要区域和重大战略融合对接，共铸高质量发展的格局。

第三节

进一步健全区域政策体系

区域政策一般由政府制定，解决的是经济应该“在什么地方”发展的问题，目的是弥补市场在空间范围配置资源失灵，优化资源空间配置、促进区域协调发展。新中国成立以来，在社会主义现代化建设的各个历史时期，党中央都高度重视区域发展问题，出台了一系列重大政策举措（见表 5–5）。

表 5–5　我国区域协调发展政策体系的演变历程

阶段	时间	政策内容
第一阶段	从新中国成立初期到改革开放前	更加注重沿海与内地均衡发展，生产力均衡布局或区域均衡发展
第二阶段	从改革开放初期到 20 世纪 90 年代中后期	服务于沿海地区率先发展，通过不均衡的区域发展带来全局的赶超式发展

续表

阶段	时间	政策内容
第三阶段	从20世纪90年代中后期到党的十八大前	区域协调发展政策体系初步形成并不断完善
第四阶段	从党的十八大以来至今	以国家重大区域发展战略引领发展，不断完善创新区域政策体系，推动形成优势互补高质量发展的区域经济布局

习近平总书记指出，当前我国区域经济发展出现一些新情况新问题，要研究国内外发展环境变化中，现有区域政策哪些要坚持、哪些应调整。[1] 要面向第二个百年目标，做些战略性考虑。各地区由于资源禀赋、发展基础、担当使命等不同，面临的问题和制约因素也不一样，区域政策精准性还需进一步提高。比起大而全、全而泛的政策体系，越来越需要丰富创新区域政策内容和方式，给予不同地区更加精准、更有针对性的引导和支持。比如，在西部地区，重庆、成都、西安等区域中心城市更加需要强化创新驱动，青海、西藏等生态屏障地区更加需要在生态保护和民生等方面给予倾斜支持。在东北地区，黑龙江更加需要国家加大对粮食生产及加工转化的支持力度，而辽宁更加需要针对性措施推动先进制造业发展。在中部地区，山西侧重于促进资源型经济转型、实现绿色发展，河南更加需要巩固粮食生产基地和先进制造业基地地位，江西还面临着

[1]《推动形成优势互补高质量发展的区域经济布局》（2019年8月26日），《求是》2019年第24期。

革命老区发展和脱贫攻坚的任务，需要国家加大支持力度。

针对政策精准性和有效性不足，要加强区域政策顶层设计，完善区域政策制定、实施、监督、绩效评价机制，把解决问题、务实管用、简便易行统一起来，坚持出台政策、健全机制、推进落实一起抓。制定和实施区域政策要遵循以下原则：

——坚持市场导向。充分发挥市场在资源配置中的决定性作用，更好发挥政府作用，加强国家战略引导，深化“放管服”改革，推动形成全国统一大市场，打破地区分割和利益藩篱，引导资源优化空间配置，促进创新要素自由充分流动。

——坚持精准定位。改革原有主要以大尺度区域作为政策实施单元的做法，进一步细化区域政策单元，努力提高区域政策的精准性。

——坚持分类施策。从我国区域之间发展条件差异较大的实际出发，由依托区域板块转向培育经济板块，由以行政区为基础转向以类型区为基础，按照功能定位分类制定区域经济政策，增强政策的针对性和有效性。

——坚持各扬所长。引导各地区根据自身比较优势和发展潜力，精准发力，拉长长板，精干主业，把优势做强、强项做大，提升市场竞争力，促进分工更加清晰，优势发挥更加充分。

——坚持补齐短板。补短板、强弱项，着力解决城乡区域间资源配置不均衡、硬件软件不协调、服务水平差异较大等问题，实现城乡区域间基本公共服务均等化。

一、完善开拓高质量发展重要动力源的政策

中心城市和城市群特别是京津冀、长三角、珠三角三大地区，以及一些重要城市群，在对外开放、资源配置和产业发展等方面具有较大优势，是区域经济发展的主要引擎。未来一段时间，动力源地区要健全创新驱动政策，吸引和汇聚全球创新资源，提升科技创新硬实力。瞄准打造一批世界级、国家级产业集群，提升产业稳定性和竞争力。支持深化重点领域体制机制改革，实施更加灵活开放政策，在新场景应用、新模式创造、新规则和新标准制定等方面提升软实力。

（一）提升科技创新策源能力

依托上海张江、北京怀柔、深圳综合性国家科学中心等创新平台，创新国内外高水平科技人才吸引政策，推动重大科技基础设施、科研院所和产业创新平台集聚发展，促进科技创新资源向动力源集聚。围绕建成世界一流大学目标，扩大高校办学自主权，鼓励与国际顶尖实验室、科研机构、跨国公司共建一流学科，建设形成一批世界级科学研究中心。发挥新型举国体制优势，加快构建和完善以企业为主体、市场为导向、产学研用相结合的创新体系，支持以龙头企业为主体，联合上下游共同组建市场化运营的独立法人实体，瞄准行业关键共性技术，建设产业创新平台，开展攻关和成果

转化。要抓好研发费用加计扣除、研发设备加速折旧、高新技术企业认定、政府采购等政策落实，持续加大研发创新投入，改革科技资源分配机制，优化创新投入结构，发挥财政资金的杠杆作用和放大效应。

（二）打造世界级产业集群

面向我国超大规模市场，发挥动力源地区产业基础实力雄厚优势，组织实施重大产业化项目，推出一批高端产品、形成一批中国标准，提升产业基础能力和产业链水平。瞄准打造世界级产业集群的目标，促进产业协同发展，强化龙头企业带动作用，建设全产业链平台，大力发展“补链”企业，形成大中小企业协同发展的良好局面。顺应新一轮科技和产业革命的发展趋势，鼓励国家产业基金加大支持力度，加速科技成果转化、加大跨领域协同创新、实行包容审慎监管，为新产品新产业新业态的出现和传统产业改造升级创造良好环境。加快发展5G、人工智能、工业互联网、智能网联汽车、生物医药等新兴产业，加大技术改造和设备更新力度，让“新芽成大树”“老树长新芽”。

（三）加快释放制度活力

深化“放管服”改革，优化政府服务流程，加快数字政府建设，率先将自由贸易试验区政策在京津冀、长三角和粤港澳大湾区推广，鼓励对接国际高标准市场规则体系，大幅放宽市场准入限制，加快营造市场化、法治化、国际化的全球一流营商环境。逐步建设高标准市场体系，促使国有、民营、外资企业等市场主体可以依据统一市场标准和竞争规则，公平参与市场竞争。继续缩减外资准入负面清单，提升电信、教育、医疗、文化等领域开放水平。建立健全“人才”签证（签注）政策，完善税收、医疗、子女教育等配套政策，在全球范围内吸引国际人才到国内优势地区和一线城市就业创业。实施好《中华人民共和国外商投资法》及配套法规，保护外资合法权益。加快免税店布局，调整完善免税店政策，加快国际消费中心城市建设。

二、完善培育高质量发展重要增长极的政策

要围绕加快产业集群发展和人口适度集聚，支持区域中心城市和重点经济区增强要素集聚能力，做大做强。鼓励内陆省份建设省域副中心城市，改变单核发展局面。充分利用国家级新区等功能平台，布局和承接一批事关国家安全的关键产业、核心技术研发生产功能。

（一）提升中心城市和城市群要素配置能力

健全一体化政策，消除歧视性、隐蔽性的区域市场壁垒，坚决破除地方保护主义，全面促进生产要素向中心城市和城市群高效集聚。打破阻碍劳动力等要素流动的不合理壁垒，加快制定统一的外

来人口落户政策，释放地区发展潜能。坚持“要素跟着项目走”，增强土地管理灵活性，探索建立城市群内部建设用地指标交易机制，解决土地“终身配”现象；完善能源消费双控制度，对能耗强度达标而发展较快的地区，能源消费总量控制要有适当弹性。围绕积极融入全球产业分工体系，推动内陆开放型经济试验区建设，打造内陆开发开放枢纽，促进对内对外开放，更好利用国际国内两个市场、两种资源。

（二）促进大中小城市和小城镇协同发展

做好促进中心城市发展的顶层设计，优化中心城市市辖区规模结构、调整行政区划设置，推动中心城市与周边城市（镇）便捷通勤、同城化发展，实现大中小城市和小城镇合理分工、主业清晰、绿色和谐、功能互补、各具优势、协同发展。深化户籍制度和农村土地制度改革，促进农业转移人口有序实现市民化，提高城市综合承载力，完善职业教育和培训体系，深化产教融合、校企合作，使大城市充分发挥集聚经济优势，中小城市和小城镇更好地发挥专业化优势，积极引导大中小城市之间合理分工协作。在具备条件的内陆非省会城市打造一批产业配套能力好、承载空间大的省域副中心城市，给予财税、土地、投融资上的支持，承接超大城市部分功能和国内外产业转移，推动省域副中心城市建设战略性接续成长城市。持续为中小城市和小城镇专业化发展创造良好的市场环境，强化产业互动协作，与大城市形成具有合理地缘经济关系的分工体系。

（三）发挥重要功能平台示范引领作用

近年来，我国已经先后布局建设了一大批改革创新发展平台（见表5-6），包括国家级新区、自由贸易试验区、综合配套改革试验区、国家自主创新示范区、承接产业转移示范区、沿边重点开发开放试验区、临空经济示范区、海洋经济发展示范区等，成为现

表5–6 部分重要功能平台

国家级新区	自由贸易试验区	国家自主创新示范区
上海浦东新区	中国（上海）	中关村国家自主创新示范区
天津滨海新区	中国（广东）	武汉东湖国家自主创新示范区
重庆两江新区	中国（天津）	上海张江国家自主创新示范区
浙江舟山群岛新区	中国（福建）	深圳国家自主创新示范区
兰州新区	中国（辽宁）	江苏苏南国家自主创新示范区
广州南沙新区	中国（浙江）	湖南长株潭国家自主创新示范区
陕西西咸新区	中国（河南）	天津国家自主创新示范区
贵州贵安新区	中国（湖北）	成都国家自主创新示范区
青岛西海岸新区	中国（重庆）	西安国家自主创新示范区
大连金普新区	中国（四川）	杭州国家自主创新示范区
四川天府新区	中国（陕西）	珠三角国家自主创新示范区
湖南湘江新区	中国（海南）	郑洛国家自主创新示范区
南京江北新区	中国（山东）	山东半岛国家自主创新示范区
福州新区	中国（江苏）	沈大国家自主创新示范区
云南滇中新区	中国（河北）	福厦泉国家自主创新示范区
哈尔滨新区	中国（广西）	合芜蚌国家自主创新示范区
长春新区	中国（云南）	重庆国家自主创新示范区
江西赣江新区	中国（黑龙江）	宁波、温州国家自主创新示范区
河北雄安新区		兰白国家自主创新示范区
		乌昌石国家自主创新示范区
		鄱阳湖国家自主创新示范区

代化经济体系建设和高质量发展的先锋。充分利用国家级新区、自由贸易试验区、经济技术开发区、高新技术产业开发区等功能平台，布局和承接一批事关国家安全的关键产业、核心技术研发生产功能。围绕国家赋予的先行先试功能，深化综合性、专项性的改革开放，创新管理体制机制，制定精准的扶持政策，支持功能平台积极探索高质量发展新路径，为区域和国家现代化经济体系建设提供有力支撑。

三、完善支持农产品主产区的政策

针对农产品主产区的特点进行精准施策，建立更加严格的管控体系，加强永久基本农田保护。完善粮食主产区补偿机制，加大中央财政转移支付力度，完善产粮大县中央财政奖励政策，使提供农产品地区的社会保障、基本公共服务达到当地平均水平。大规模推进高标准农田建设，率先推进农业现代化建设。

（一）建立健全财政转移支付和横向补偿制度

加大财政对农业和农村的投入力度，健全“三农”投入稳定增长机制。完善良种补贴、农资综合补贴和粮食直补等主要补贴政策，改革农机购置补贴政策，实行“全价购机、直补到户”，落实农作物重大病虫统防统治补贴机制，建立休（禁）渔期渔民生活困难补助制度。充分发挥财政资金对社会资金的引导作用，拓宽支持农业和农村发展的融资渠道。增加小型农田水利、农村基础设施、公共服务等方面资金支持力度。不断完善产粮大县利益补偿机制，调动农民种粮和地方发展农业生产的积极性。建立健全粮食产销区域利益补偿机制，探索开展粮食主产区农产品收入保险试点。健全农产品价格形成机制，深化农产品价格方面改革。

（二）加快发展现代农业和生态农业

充分利用农业科技政策，提高农产品科技含量，提升农业现代化水平。推行农村经济市场化，制定实施品种优质标准等政策，有效引导农产品主产区新型农业经营主体发展生产。完善农业产业组织政策，推进规模化经营，增强市场竞争能力，打造高质量农产品和高品质食品品牌。运用农业可持续发展政策，发展生态农业。加强农业生态环境污染治理与防控，完善推进重大科技攻关、成果转化和实用科技攻关体制机制，在农产品主产区推动形成农林牧渔多业共生的循环型农业生产方式。

（三）完善土地管理制度

加强农村集体土地改革，建立同价同权、流转顺畅、收益共享的农村集体经营性建设用地入市制度，探索农村宅基地所有权、资格权、使用权“三权分置”，探索建立补充耕地指标跨区域交易制度。扎实推进土地承包经营权确权登记颁证工作，加快建立和完善省、市、县、镇四级土地流转服务体系，在镇一级或中心镇建立土地流转服务平台。支持有条件的地区整合农村集体建设用地管理交易平台、农村集体资产管理交易平台和农村土地承包经营权流转服务平台，在镇一级设立土地服务中心。实现“三台合一”，实行一套人马、多项职能，提升土地承包管理和服务水平。

四、完善筑牢生态安全屏障的政策

伴随我国社会主要矛盾转化为人民日益增长的美好生活需要和不平衡不充分的发展之间的矛盾，人民群众追求良好生态的愿望越来越强烈，这对建设高质量发展的生态功能区、满足人民群众对优质生态产品的需要提出更高的要求。要积极回应人民群众呼声，践行绿水青山就是金山银山的理念，健全区际利益补偿机制，加强重点生态功能区生态保护，巩固提高生态服务功能，加快建设国家生态安全屏障，增强生态功能区的绿色发展动能。

（一）科学谋划生态空间布局

抓住国土空间规划编制的有利时机，优化调整生态空间布局，进一步优化生态空间结构，提升生态空间规模。落实最严格的环境保护制度，加快划定并严守生态保护红线、生态环境质量底线、资源利用上线。细化空间控制单元和空间分类分区管治，编制环境准入清单，完善禁止和限制发展的行业、生产工艺和产业目录以及高耗能、高污染和资源型行业准入条件。以国家公园体制试点为突破口推动自然保护地体制改革，完善自然保护地体系的法律法规、管理和监督制度，提升自然生态空间承载力，建成以国家公园为主体的自然保护地体系。

（二）加大中央财政转移支付力度

多算政治账、长远账、整体账，稳步提高对生态功能区财政转移支付总盘子，建立长期稳定可持续的绿色转移支付体系。以义务教育和公共卫生为重点，按照与全国基本同步的标准提高重点生态功能区基本公共服务水平。根据中央和地方财政事权和支出责任划分，将重要生态系统保护和修复重大工程作为各级财政的重点支持领域，进一步明确支出责任，切实加大资金投入力度。同时，扎实推进水土保持、坡耕地综合整治、退耕还林还草等重点生态工程，稳步开展青海三江源、祁连山等重点区域生态保护与建设。

（三）实施市场化、多元化生态补偿

加快生态补偿立法，明确流域上游对下游、生态保护地区对受益地区的法定责任，将森林、草原、湿地、水流等纳入生态补偿重点任务领域。支持通过资金补偿、项目补偿、对口支援等多种形式建立横向补偿关系，完善补偿形式，提高补偿的针对性，形成受益者付费、保护者得到合理补偿的良性局面。建立健全归属清晰、权责明确、监管有效的自然资源资产产权制度和有偿使用制度，以及用水权、排污权、碳排放权跨区域交易制度，创新有偿使用和投融资机制，培育和发展交易市场，发挥自然资源多重效益。构建生态产品价值实现机制，在浙江等省份具备条件的地区开展试点，探索形成生态产品价值实现机制的政策体系和制度安排，为全国提供可复制、可推广的经验和模式。

（四）健全促进经济绿色发展宏观调控手段

大力发展绿色金融。健全绿色信贷指南、企业环境风险评级、上市公司环境绩效评估等标准和规范，构建绿色项目库；建立包括绿色发展引导基金、绿色产业发展基金、绿色担保基金、气候基金等多种形式的绿色基金，为绿色发展提供充足的融资手段支持；鼓励企业、金融机构发行绿色债券，募集资金主要用于支持生态修复、污染治理、绿色产业等领域，出台支持绿色债券的财政激励政策，补贴绿色债券发行；对于高环境风险企业强制推行环境污染责任保险。完善水价、峰谷电价形成机制。试点探索拥堵费政策，改善绿色交通体验。

五、完善四大板块发展政策

党的十九大报告要求“强化举措推进西部大开发形成新格局，深化改革加快东北等老工业基地振兴，发挥优势推动中部地区高质量发展，创新引领率先实现东部地区优化发展。”“十四五”时期，要坚持问题导向、目标导向、结果导向，对不同板块提出具有针对性、可操作性的区域政策，实现分类指导、“一区一策”，在发展中促进相对平衡。

（一）推进西部大开发形成新格局

习近平总书记指出，推进西部大开发形成新格局，要围绕抓重点、补短板、强弱项，更加注重抓好大保护，从中华民族长远利益考虑，把生态环境保护放到重要位置，坚持走生态优先、绿色发展的新路子。要更加注重抓好大开放，发挥共建“一带一路”的引领带动作用，加快建设内外通道和区域性枢纽，完善基础设施网络，提高对外开放和外向型经济发展水平。要更加注重推动高质量发展，贯彻落实新发展理念，深化供给侧结构性改革，促进西部地区经济社会发展与人口、资源、环境相协调。[1] 要围绕大保护、大开放、高质量发展的新格局，持续巩固脱贫攻坚成果，压茬推进西部地区乡村振兴；以构建现代化产业体系为重点，增强西部地区经济高质量发展动力；以强化基础设施规划建设为着力点，夯实西部地区经济社会发展基础；以深化要素市场化配置改革为抓手，激发西部地区市场主体活力；以共建“一带一路”为引领，扩大西部地区高水平开放；以推进绿色发展为主线，加大美丽西部建设力度；以

[1]《习近平主持召开中央全面深化改革委员会第七次会议强调 把稳方向突出实效全力攻坚 坚定不移推动落实重大改革举措》，《人民日报》2019 年 3 月 20 日。

增强公共服务能力为手段，增进西部地区民生福祉。

（二）加快东北全面振兴

加快转变政府职能，着力优化营商环境，以混合所有制改革为突破口深化国有企业改革攻坚，深度融入共建“一带一路”，打造对外开放新前沿。充分发挥比较优势，保障国家国防、粮食、生态、能源、产业安全。加大对东北边境地区支持力度，维护边疆稳定。依托三江平原、松嫩平原等地农业生产条件优势，加快农业基础设施建设，加强黑土地保护，打造保障国家粮食安全的“压舱石”。加强大小兴安岭、长白山、呼伦贝尔等地生态功能区保护，筑牢北方生态安全屏障，支持发展特色产业，将“冷”资源变为“热”经济。加快构建多元化能源供应体系，支持建设能源通道和储能设施。优先在东北布局国家重大战略性项目，建设国家实验室等重大科研平台，发展好高端装备制造业，铸牢“大国重器”之根基。

（三）支持中部地区高质量发展

推动制造业高质量发展，主动融入新一轮科技和产业革命，加快数字化、网络化、智能化技术在各领域的应用，推动制造业发展质量变革、效率变革、动力变革。提高关键领域自主创新能力，创新支持政策，推动科技成果转化和产业化，加快研发具有自主知识产权的核心技术，更多鼓励原创技术创新，加强知识产权保护。优化营商环境，对标国际一流水平，营造稳定公平透明的营商环境，缓解民营企业和中小微企业融资难题。积极承接新兴产业布局和转移，加强同东部沿海和国际上相关地区的对接，吸引承接一批先进制造业企业。扩大高水平开放，把握机遇积极参与“一带一路”国际合作，推动优质产能和装备走向世界大舞台、国际大市场，把品牌和技术打出去。坚持绿色发展，开展生态保护和修复，强化环境建设和治理，推动资源节约集约利用，建设绿色发展的美丽中部。做好民生领域重点工作，多措并举巩固脱贫攻坚成果，推进全面脱贫与乡村振兴有效衔接，加快补齐民生短板，完善社会保障体系，创新社会治理。[1] 加强统筹协调，完善政策措施和工作机制，加大对中部地区崛起的支持力度，研究提出并组织实施促进中部地区高质量发展的政策举措。

（四）推动东部地区率先发展

实施创新驱动发展战略，着力增强创新力，加强北京、上海、粤港澳大湾区科创中心协同建设，提升创新能力和要素产出效率，打造具有国际影响力的创新高地。积极推进北京、上海、广州、深圳建设全球城市，支持香港巩固和增强全球城市地位，支持澳门扩大在葡语国家的经济影响力，把这些城市建成我国接入全球经济网络的重要枢纽。率先实现产业升级，推动制造业迈向中高端，加快

[1]《习近平在江西考察并主持召开推动中部地区崛起工作座谈会时强调 贯彻新发展理念推动高质量发展 奋力开创中部地区崛起新局面》，《人民日报》2019 年 5 月 23 日。

战略性新兴产业，引领新兴产业和现代服务业发展。率先建立全方位开放型经济体系，在投资经营便利、货物自由进出、资金流动便利等方面积极探索，加强与国际通行贸易投资规则、知识产权保护规则、环境保护规则等方面的对接，更高层次参与国际经济合作和竞争，争创扩大开放新优势，努力营造国际化营商环境。进一步发挥市场化程度高、综合创新能力强等方面的综合优势，完善与创新发展、新经济形态等相适应的要素市场。发挥沿海区位优势，加强陆海统筹发展，持续壮大海洋经济，为海洋强国建设提供有力支撑。

第四节

建立更加有效的区域协调发展新机制

2018 年 11 月，《中共中央 国务院关于建立更加有效的区域协调发展新机制的意见》印发实施以来，有关地方和部门根据职责分工制定相应落实方案、研究具体政策措施、完善相关配套政策，立足发挥各地区比较优势和缩小区域发展差距，围绕努力实现基本公共服务均等化、基础设施通达程度比较均衡、人民基本生活保障水平大体相当的目标，对已进行积极探索并取得一定成效的区域合作机制、区域互助机制、基本公共服务均等化机制，在总结推广经验做法的基础上，进一步优化完善机制设计，有力有序有效抓好落实工作，区域合作机制、区域互助机制和基本公共服务均等化机制框架基本建立，在缩小区域发展差距、实现基本公共服务均等化等方面发挥了重要作用。同时，区域战略统筹机制、市场一体化发展机制、区际利益补偿机制、区域政策调控机制和区域发展保障机制建设方面也取得一定进展，但总体仍需进一步完善（见图 5-1）。

图 5-1　区域协调发展新机制示意图

“十四五”时期，必须立足新时期、新特点、新趋势，抓住重点领域和关键环节，深化改革、勇于创新，进一步完善区域协调发展新机制，着力补短板、强弱项，推动区域发展更有效率、更加公平和更可持续，促进区域协调发展向更高水平和质量迈进。

一、建立区域战略统筹机制

以国家重大战略为引领，以四大板块为基础，促进区域间相互融通补充，加快构建区域板块间融合互动发展新模式和统筹发达与欠发达地区发展机制，进一步完善国家重大区域战略协调对接机制和陆海统筹机制。

（一）推动国家重大区域战略协调对接

进一步深入研究重大区域战略融合发展的内涵、战略重点和方向，着力推进区域合作联动，依托综合运输大通道建设，加快推动重大区域战略间交通等基础设施互联互通、生态环境联防联治和产业统筹优化布局，积极推进土地、劳动力、资本、技术、数据等要素市场化配置和跨区域顺畅流动，建立国家重大区域战略融合发展会商机制，不断增强融合发展的协同性，打造东西联动、南北协同的全方位对外开放新格局。

（二）推进区域板块间融合互动发展

深入推进京津冀协同发展、粤港澳大湾区建设、长江三角洲区域一体化发展及海南自由贸易港建设，有序实施哈长、长江中游、中原、关中平原等城市群发展规划，逐步建立起以北京、上海、广州、哈尔滨、长春、武汉、郑州、西安等中心城市，引领城市群发展，城市群带动东部地区、东北地区、中部地区、西部地区等区域发展的新模式，推动重点城市群建立常态化协调机制、利益共享与成本共担机制，促进区域板块间融合互动发展。

（三）统筹发达地区与欠发达地区发展

进一步深化东部沿海发达地区与中西部和东北欠发达地区之间对接合作，促进对口援助协作，建立联动发展机制，推动发达地区与欠发达地区共同发展。坚持优势互补，创新产业协作模式，着力完善发达地区与欠发达地区产业协作机制，更加注重产业带动、劳务对接和人才支持，突出资金、项目、人员等协作重点，充分发挥我国区域空间回旋余地大的优势，进一步完善区域联动，积极推进国家级承接产业转移示范区建设，促进东部沿海地区产业有序向中西部和东北地区转移落地。以市场为导向，构建长效普惠扶持机制和精准有效的差别化支持机制，促进东西部协作扶贫，推动革命老区、民族地区、边疆地区等特殊类型地区发展。着力推进国家级新区、自由贸易试验区、国家级开发区等改革创新平台建设，为欠发达地区深化推动改革开放、新旧动能转换提供重要支撑，培育引领高质量发展的重要引擎。

（四）推动陆海统筹发展

加强海洋经济发展顶层设计，加快海岸带管理立法，进一步完善规划体系和管理机制，以陆促海、以海带陆，积极推动区域协调发展战略从陆地空间延伸拓展向蓝色空间，有力支撑海洋强国战略实施。扎实推动实施全国海洋经济发展“十三五”规划，抓紧编制全国海洋经济发展“十四五”规划。指导相关省份编制《海洋经济发展示范区建设总体方案》，推进海洋经济发展示范区建设，加强陆海生态环境保护，进一步优化北部、东部和南部三个海洋经济圈空间结构，持续加强陆海生态环境保护，规范滨海开发、严格围填海管控，积极推进深远海区域布局，将蓝色经济打造成高质量发展的重要增长点。积极推进深远海区域布局，推动蓝色经济高质量发展；以“一带一路”建设为引领，扎实推进一批国际海上务实合作项目，坚决维护国家海洋权益，积极参与国际和地区海洋秩序建设，努力拓展我国海洋战略部署空间。

二、健全市场一体化发展机制

推进城乡区域间要素自由流动机制建设，进一步健全区域交易平台和制度、区域市场一体化机制，清理和废除妨碍全国统一市场和公平竞争的各种规定和做法，打破地区壁垒和行业垄断，促进各类要素有序自由流动。

（一）积极促进城乡区域间要素自由流动

贯彻落实《中共中央 国务院关于构建更加完善的要素市场化

配置体制机制的意见》，发挥市场在资源配置中的决定性作用，推动各类要素在市场中自由流动。深化土地、劳动力、资本、技术、数据等要素改革，健全要素市场化配置体制机制。加快完善公平竞争审查制度，修订《公平竞争审查制度实施细则》，全面实施并不断完善市场准入负面清单制度，落实“全国一张清单”管理模式，实施市场准入事项全流程在线监管与市场准入效能综合评估，以服务业为重点试点放宽市场准入限制，建立健全破除市场准入隐性壁垒工作机制，促进市场准入门槛持续降低，市场准入环节治理效能不断提升。落实《深化农村宅基地制度改革试点方案》，加快宅基地和集体建设用地使用权确权登记，2020 年底前按计划基本完成相关土地的确权登记工作，深化农村宅基地制度改革试点。放宽城市落户条件，全面取消城区常住人口 300 万人以下的城市落户限制，全面放宽城区常住人口 300 万 ~ 500 万人的大城市落户条件，引导城乡各类要素双向流动、平等交换、合理配置。促进创新要素充分流动，扩大高校和科研院所科研相关自主权，开展赋予科研人员职务科技成果所有权或长期使用权试点，构建技术转移服务体系，促进“创新券”通用通兑。

（二）推动区域市场一体化建设

围绕国家重大区域规划，打破行政性垄断，消除区域市场壁垒，加快探索建立区域市场一体化发展新机制，促进形成全国统一大市场。稳步推进长三角地区三省一市“三级运作、统分结合”区域合作；在粤港澳大湾区积极探索三种关税模式下和三种货币体制下的区域市场一体化建设新模式，推进与国际接轨的区域一体化市场体系；加快京津冀、长江经济带等区域公共资源交易市场一体化、市场监管一体化体系建设，不断完善区域市场一体化建设的硬件和软件环境，促进要素在区域内的顺畅流动，推动规划制度统一、发展模式共推、治理方式一致、区域市场联动的区域市场一体化建设，促进形成统一、开放、竞争、有序的全国统一大市场。

» 案例 5-1

推动区域市场一体化建设典型案例

为贯彻《中共中央 国务院关于建立更加有效的区域协调发展新机制的指导意见》，推动长江三角洲区域市场一体化发展，上海市、江苏省、浙江省、安徽省分别制定区域协调发展新机制实施方案。实施方案明确提出深入实施公平竞争审查制度，有序清理废除妨碍统一市场和公平竞争的各类规定和做法，消除歧视性、隐蔽性的区域市场准入限制；持续推进“放管服”改革，扩大“证照分离”改革成果，全面推行“双随机、一公开”市场监管；加快建设信用长三角，深化跨区域信用联合奖惩机制；建立区域标准化联盟，制定区域协同标准编号规则，加强市场准入标准统一和市场监管执法协同联动；合力打造长三角技术转移转化、信用服务、食品安全等合作平台，共同推动长江三角洲区域一体化市场建设。

（三）完善区域交易平台与制度

依托重点区域，围绕重点领域，加快完善区域交易平台和制度建设，发挥市场在资源配置中的决定性作用，开展自然资源资产有偿使用政策和制度建设情况摸底。指导地方推出自然资源资产产权制度改革实施方案，建立归属清晰、权责明确的自然资源资产产权制度。完善全民所有自然资源资产有偿使用制度改革部际协调机制工作制度。制定全国统一的公共资源交易目录指引，积极开展碳排放权、排污权等市场化交易试点，推进区域交易平台建设，有序扩大交易规模，研究形成《自然资源市场监管平台建设初步方案》，推动构建统一的自然资源市场交易平台。深化燃煤发电上网电价形成机制改革，风电和光伏上网电价改革，进一步完善自然资源、排污权、碳排放权等的价格形成机制。建立健全用能预算管理制度。促进资本跨区域有序自由流动，完善区域股权市场。

三、深化区域合作机制

进一步完善区域合作机制，建成省际交界地区合作、流域上下游合作、国际区域合作机制，提升区域合作互动机制的层次和水平。

（一）推动区域合作互动

加强城市群内部城市合作，不断完善合作机制，推动形成全部门、全领域的合作模式，指导有关地方和部门召开部分城市群规划实施进展座谈会，落实已有城市群规划，编制出台《成渝地区双城经济圈发展规划》，促进城市群内部基础设施联通、生态共保联治、产业统筹发展，不断深化城市群内部城市间公共服务、对外开放、改革创新等协调联动，探索建立城市群协调治理模式，提升合作层次和水平。

（二）促进流域上下游合作发展

实施《淮河生态经济带规划》《汉江生态经济带规划》，编制黄河流域生态保护和高质量发展规划纲要，加快建设长江经济带综合交通运输体系，逐步完善长江经济带“1+3”省际协商合作机制，加快推进长江经济带、珠江—西江经济带、淮河生态经济带、汉江生态经济带等重点流域经济带上下游间合作发展，统筹推进流域基础设施体系建设、生态环境共建共治、产业有序转移、优化升级，推动完善省市政府协商合作机制和省际、市际联席会议制度，建立健全上下游毗邻省区市规划对接机制，促进流域上下游合作发展。

（三）加强省际交界地区合作

积极推进省际合作地区经济社会加快发展，着力推动晋陕豫黄河金三角、粤桂、湘赣、川渝等省际交界地区合作互动，推进粤桂合作珠江—西江经济带先行先试示范平台和湘赣边区域合作示范区建设，完善交通基础设施、打造绿色生态优势、推进革命老区振兴发展，不断健全统一规划、统一管理、合作共建、利益共享的合作新机制，指导有关地方完善会商机制，开展共建承接产业转移示范区、建立一体化新工业区等行动。

（四）积极开展国际区域合作

以“一带一路”建设为重点，实行更加积极主动的开放战略，加快推动构建互利共赢的国际区域合作新机制。加快中巴经济走廊综合承载区、雅万高铁、中老铁路、瓜达尔港等重大合作项目建设。加强重点开发开放试验区、边境经济合作区、跨境经济合作区、经贸合作区等建设。实施西部陆海新通道总体规划，推动西部地区积极主动开展国际合作；支持沿边地区利用国际合作平台，推动设立黑龙江黑河、新疆塔城、广西百色沿边重点开发开放试验区，落实《境外经贸合作区高质量发展工作方案》，加快边境、跨境经济合作区和经贸合作区建设。

四、优化区域互助机制

进一步发挥东西部扶贫协作、对口支援、对口协作（合作）机制作用，助力缩小区域差距、增强发展合力。

（一）完善东西部扶贫协作机制

继续加大东西部扶贫协作力度，适时召开东西部扶贫协作工作推进会，推动形成专项扶贫、行业扶贫、社会扶贫等多方力量多种举措有机结合互为支撑的“三位一体”大扶贫格局。修订印发《东西部扶贫协作成效评价办法》，指导东西部双方签订扶贫协作协议，落实《关于进一步加强东西部扶贫协作资金管理工作的通知》《关于进一步做好就业扶贫工作的通知》有关要求，引导企业、社会组织开展结对帮扶，加大东部沿海地区直接采购和帮助销售贫困地区农产品力度，推动中央和国家机关、中央企业直接采购和帮助销售定点扶贫县农产品。动员引导其他各类国有企事业单位、民营企业、社会组织直接采购和帮助销售贫困地区农产品。积极引导各类市场主体到贫困地区投资兴业、发展产业、带动就业，吸纳贫困地区剩余劳动力就业，不断完善劳务输出精准对接机制。扩大扶贫协作双方党政干部和专业技术人员交流范围，增强人才、资金、技术向贫困地区和边境地区的支持力度。

（二）深入开展对口支援

强化规划引领，加强资金与项目管理，继续深化全方位、精准对口支援，推动新疆、西藏和青海、四川、云南、甘肃涉藏工作重点省经济社会持续健康发展，促进民族交往交流交融，筑牢社会稳定和长治久安基础。谋划开展新一轮对口支援规划，切实维护规划的严肃性，进一步完善和规范对口支援资金和项目管理，推动对口支援向更深层次、更高质量、更可持续方向发展。贯彻落实第七次全国对口支援新疆工作会议精神，制定对口支援新疆、西藏绩效综合考核评价办法，推进“十三五”对口支援新疆、西藏和涉藏工作重点省经济社会发展规划评估，实施好“十四五”对口支援新疆、西藏和涉藏工作重点省经济社会发展规划。不断深化对“三区三州”的政策支持，加大倾斜支持力度，优化政策供给，强化措施落地，提升产业扶贫质量，为“三区三州”巩固脱贫攻坚成果、实施乡村振兴战略提供可靠保障。

（三）创新开展对口协作（合作）

面向经济转型升级困难地区，组织开展对口协作（合作），构建政府、企业和相关研究机构等社会力量广泛参与的对口协作（合作）体系。深入开展南水北调中线工程水源区对口协作，推动水源区绿色发展，做好《丹江口库区及上游地区对口协作方案》《全国对口支援三峡库区合作规划（2014—2020）》落实及跟踪评估工作，适时举办中国西部国际投资贸易洽谈会、全国对口支援三峡库区经贸洽谈会，组织开展对口合作高级研修培训，加强对口合作重点园区建设，构建政府、企业和相关研究机构等广泛参与的对口协作（合作）体系。进一步深化东部发达省市与东北地区对口合作，编制对口合作实施方案，强化干部交流、创业创新、产业优势互补、市场对接、平台、园区共建、营商环境建设等方面的合作工作推进机制建设，逐步构建起政府、企业、研究机构和其他社会力量广泛参与的合作体系。

五、健全区际利益补偿机制

进一步完善横向生态补偿机制和资源输出输入地之间利益补偿机制，鼓励生态受益地区与生态保护地区、流域上下游通过资金补偿、对口协作、产业转移、人才培训、共建园区等方式建立横向补偿关系，健全资源转出地与资源转入地之间利益补偿机制，推动形成受益者付费、保护者得到合理补偿的良性局面。

（一）完善多元化横向生态补偿机制

深入贯彻落实绿水青山就是金山银山的理念，积极探索生态产品价值实现机制，按照区际公平、权责对等、试点先行、分步推进为原则，围绕生态产品提供区与生态产品受益区联系密切的区域，按照高质量发展的要求，坚持谁受益谁补偿和稳中求进的原则，积极创新体制机制，推动生态补偿机制建设，落实《建立市场化、多元化生态保护补偿机制行动计划》《关于加快建立流域上下游横向生态保护补偿机制的指导意见》《生态综合补偿试点方案》等，及时总结新安江流域横向生态补偿的成功经验和可复制可推广的做法，在集中式饮用水水源地、重要河流敏感河段和水生态修复治理区、水产种质资源保护区、水土流失重点预防区和重点治理区、大江大河重要蓄滞洪区以及具有重要饮用水源或重要生态功能的湖泊，积极推动开展横向生态保护补偿工作，将三江源等大江大河源头区生态公共产品纳入补偿范围，适当提高补偿标准。在京津冀水源涵养区、广西广东九洲江、福建广东汀江—韩江、江西广东东江、广西广东西江流域等深入开展跨地区生态保护补偿试点。

（二）建立粮食主产区与主销区之间利益补偿机制

整合粮食主产区支持政策，协调粮食产销区公平和效率、权利和责任的关系，建立粮食主产区利益补偿机制。立足于惠农富农强农，按照适应世贸组织规则、保护农民利益、支持农业发展的原则，结合调整改进“黄箱”政策和扩大“绿箱”政策使用范围，加快完善粮食主产区利益补偿机制。实施《关于坚持以高质量发展为目标加快建设现代化粮食产业体系的指导意见》，明确粮食主产区和主销区开展产销合作的总体要求，推动建立产销两地利益补偿机制，建设一批产销区储备合作试验区，鼓励粮食主销区通过在粮食主产区建设加工园区、粮食深加工企业、建立优质商品粮基地和产销区储备合作机制以及提供资金、人才、技术、服务支持等方式开展产销合作。加大财政对粮食主产区支持力度，推进粮食储备基地建设，推动高标准农田建设，缓解主产区财政困难，增强粮食主产区种粮积极性。

（三）健全资源输出地与输入地之间利益补偿机制

坚持市场导向和政府调控相结合，逐步理顺主要资源的产供销储之间的价格关系，落实《关于深化燃煤发电上网电价形成机制改革的指导意见》《关于完善光伏发电上网电价机制有关问题的通知》有关要求，有序放开竞争性环节电价，优化天然气、清洁能源、可再生能源价格形成机制，研究出台天然气产供储销价格机制指导意见，加快完善有利于资源节约集约利用和可持续发展的资源价格形成机制，使资源价格能够至少涵盖市场供需、开采成本和生态修复成本，使资源开发能够更好惠及地方经济发展。鼓励资源输入地支持资源输出地加快发展，通过共建园区、产业合作、科技合作、人才援助等方式支持资源输出地发展接续替代产业，逐步改变资源输出地资源产业独大的局面，促进产业多元化发展，逐步建立支持资源型地区经济转型发展的长效机制。

六、完善基本公共服务均等化机制

建立健全基本公共服务均等化机制，进一步提升基本公共服务保障能力和统筹层次，优化城乡区域间衔接共享。

（一）提升基本公共服务保障能力

坚持激活存量、用好增量，统筹整合基本公共服务资源，加快建立“资源随人走”的基本公共服务资源投入机制，推动实现“人走到哪里，基本公共服务资源就跟进到哪里”，切实提高基本公共服务资源利用效率。坚持完善政府购买服务制度，增强基层政府在购买基本公共服务方面的自主权，逐步规范并丰富政府购买服务方式，充分调动社会力量参与基本公共服务供给的积极性，提升基本公共服务质量。坚持职业化、专业化方向，完善基层公共服务人员工资待遇、职称评定、医疗保险及养老保障等激励政策，健全从业人员教育培训机制，优化编制资源配置，不断壮大基层公共服务队伍。

（二）提高基本公共服务统筹层次

围绕重点区域和重点领域，不断提升基本公共服务统筹层次，强化其在保基本民生和社会政策兜底方面的功能。抓紧出台《企业职工基本养老保险全国统筹改革方案》，完善企业职工基本养老保险基金中央调剂制度，在现行企业职工基本养老保险省级统筹基础上，通过转移支付和中央调剂基金在全国范围内进行补助和调剂，适度均衡省份间基金负担，对基金“穿底”省份加大支持力度，提高中央调剂基金使用效率。提高城乡居民基本医疗保险人均补助标准，加快推进基本医疗保险的省级统筹，为实现全国统筹奠定基础。进一步加快推进基本公共服务统筹力度，通过完善省以下财政事权和支出责任划分、规范转移支付等措施，缩小省内基本公共服务保障差距。

（三）推动城乡区域间基本公共服务衔接

落实《关于开展国家基本公共服务标准化试点工作的通知》有关要求，探索构建基本公共服务平台，促进居民异地享受基本公共服务并便捷结算，推动实现资源均衡分布、合理配置。推动建立基本公共服务标准体系建设部级联席会议制度。深入推进基本公共服务一体化和新型城镇化户籍制度改革，创新跨区域服务机制，推动基本公共服务便利共享，建立异地就医直接结算信息沟通和应急联动机制，完善住院费用异地直接结算，开展异地就医门急诊医疗费用直接结算试点工作，开展养老服务补贴异地结算试点。出台《流动就业人员基本医疗保险关系转移接续业务经办规程》，完善基本医保关系转移接续政策和相关规程。积极指导京津冀、长三角、粤港澳等地区细化地方政策措施，做好基本医保参保和关系转移接续工作。

（四）推进基本公共服务标准体系建设

标准化在加强社会公共服务体系建设中发挥着基础性、引领性作用。要建立系统完善、层次分明、衔接配套、科学适用的基本公共服务标准体系，推动基本公共服务标准化理念融入政府治理、标准化手段得到普及应用。出台实施国家基本公共服务标准，明确基本公共服务底线标准，完善部门相关标准规范，细化地区基本公共服务实施标准，推动基层服务机构标准化管理。各级各类标准水平要衔接平衡、大体一致。研究制定基本公共服务标准动态调整管理办法，推动基本公共服务标准动态调整常态化、制度化。

七、创新区域政策调控机制

加快形成差别化区域政策机制和区域均衡的财政转移支付制度，进一步完善区域政策与其他宏观调控政策联动机制，优化政策工具组合，推动宏观调控政策精准落地。

（一）实行差异化区域政策

进一步发挥区域比较优势，合理确定区域主要发展任务，分类指导、分区施策，实行与区域特点相适应的政策，不断提高生态环保、产业发展、土地利用、财政金融、科技人才等政策精准性和有效性。根据各地区条件，合理分工、优化发展，对重点开发地区、生态脆弱地区、能源资源地区分别制定差异化政策，分类精准施策，推动形成主体功能约束有效、国土开发有序的空间发展格局；充分满足深度贫困地区和特殊地区用地需求，用地指标向深度贫困地区、集中连片特困地区、国家扶贫开发工作重点县等倾斜，提高土地政策精准性；出台《关于贯彻实施国家主体功能区生态环境政策的若干意见》，加大环境政策实施力度；实施专业技术人才知识更新工程，加大对贫困地区人才培养培训力度，推动地方政府制定区域性人才政策。

（二）建立区域均衡的财政转移支付制度

着力调整完善中央对地方一般性转移支付办法，建立区域均衡的财政转移支付制度。中央财政加大对地方转移支付力度，加大向重点生态功能区转移支付预算。增强省及省以下政府区域协调发展经费保障能力，指导各省（区、市）出台与市县收入划分改革方案，支持市县政府落实减税降费政策、缓解基层财政运行困难。

（三）建立健全区域政策与其他宏观调控政策联动机制

加强区域政策与其他宏观调控政策联动，形成宏观政策要稳、微观政策要活、社会政策要托底、区域政策要精准的政策调控体系。缩小政策基本空间单元，提高区域政策的精准性、协同性，建立健全区域政策与财政、货币、投资等政策的协调配合，优化政策工具组合，实现宏观调控中的长短结合、精准用力，同时更好地发挥不同政策的叠加共振效应，更好地服务于国家重大区域发展战略实施。进一步完善国家发展改革委、财政部、中国人民银行定期会商机制，加强宏观政策沟通协调，着力提升政策协同性。开展转型区域金融改革试点，增强金融服务区域发展的能力，实施高杠杆地区动态监测预警，强化联防联控，防范化解系统性、区域性金融风险，提高金融政策有效性。

八、健全区域发展保障机制

建立健全区域规划体系、发展监测预警体系，加强区域规划编制前期研究论证，逐步建立并完善法律法规体系，健全区域政策制定、实施、监督、评价机制。

（一）规范区域规划编制管理

根据落实区域协调发展战略的需要，积极推进形成规范有序的区域规划编制、审批和实施工作程序，实行科学、规范的区域规划编制审批计划管理制度，逐步完善规划的顶层设计，使区域规划更好地服务和支撑国家战略需求。推动规划牵头单位组织开展对国家重大区域规划的中期评估和后评估，逐步构建起以评估建议为基础的重大规划动态调整机制。根据国家重大战略和重大布局需要，积极服务国家现代化建设和高质量发展，联合相关部门和地方，组织编制实施一批重大区域规划，因地制宜引导区域高质量发展。

（二）建立区域发展监测评估预警体系

围绕缩小区域发展差距、区域一体化、资源环境协调等重点领域，积极引导社会智库研究建立区域协调发展评价指标体系（见图 5–2），探索编制区域协调发展指数，更加科学、客观评价区域发展的协调性，为区域政策制定和调整提供参考。针对国家重大区域规划，组织相关部门开展区域规划评估督导工作，并根据评估督导意见进一步调整优化区域规划相关内容，保障区域规划的时效性和针对性，做到与时俱进。瞄准重点领域、重点区域和关键指标，提前对区域风险进行科学预判，积极推进建立区域发展风险识别和预警预案制度，密切监控区域发展中出现的突出问题，预先防范和妥善应对区域发展风险。

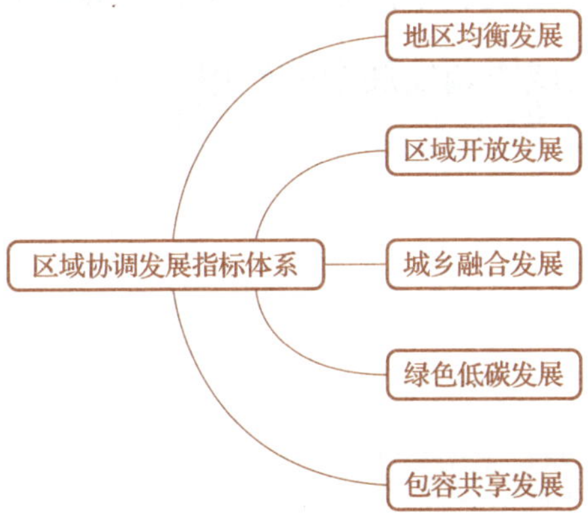

图 5–2　区域协调发展评价指标体系

（三）建立健全区域协调法律法规体系

深化社会治理的法治化进程，按照推进治理体系和治理能力现代化的要求，科学规范有序推进区域协调发展战略实施，加快推进促进区域协调发展的法规制度建设。推进相关法律法规体系的前期研究论证工作，按照先制定指导意见、然后编制出台相关条例、最后上升为法律法规的程序推进相关工作，通过指导意见和相关条例的编制和实施，逐步发现并不断化解在编制和实施中出现的问题，为制定相对完善的法律法规积累有益的经验。研究推动出台区域协调发展的相关法律法规文件或指导意见，明确区域协调发展的内涵、战略方向和重点，健全区域政策制定、实施、监督、评估和动态调整机制，明确有关部门在区域协调发展中的职责，明确地方政府在推进区域协调发展中的责任和义务，发挥社会组织、研究机构、企业在促进区域协调发展中的作用。

参考文献

习近平，2016. 在省部级主要领导干部学习贯彻党的十八届五中全会精神专题研讨班上的讲话 [N]. 人民日报，2016-05-10（2）.

习近平，2017. 在深度贫困地区脱贫攻坚座谈会上的讲话 [J]. 求是（17）：3-9.

习近平，2018. 在庆祝改革开放 40 周年大会上的讲话 [N]. 人民日报，2018-12-19（2）.

习近平，2019. 推动我国生态文明建设迈上新台阶 [J]. 求是（03）：4-19.

习近平，2019. 深入理解新发展理念 [J]. 求是（10）：4-16.

习近平，2019. 在深入推动长江经济带发展座谈会上的讲话 [J]. 求是（17）：4-14.

习近平，2019. 在黄河流域生态保护和高质量发展座谈会上的讲话 [J]. 求是（20）：4-11.

习近平，2019. 推动形成优势互补高质量发展的区域经济布局 [J]. 求是（24）：4-9.

北京市社会科学院课题组，赵弘，2019. 中国区域经济 40 年的发展成就与展望 [J]. 区域经济评论（06）：23-34.

蔡昉，2019. 从比较优势到规模经济——重新认识东北经济 [J]. 经济研究参考（20）：100-109.

陈吉宁，2018. 着力解决突出环境问题 [N]. 人民日报，2018-01-11(7).

杜昕然，2018. 新时期中国区域商品市场一体化建设与举措 [J]. 国际经济合作（03）：15-19.

高国力，2020. 推动形成高质量发展的区域经济布局 [N]. 经济日报，2020-04-20（11）.

贺东航，孔繁斌，2019. 中国公共政策执行中的政治势能——基于近 20 年农村林改政策的分析 [J]. 中国社会科学（04）：4-25，204.

黄征学，2019. 新阶段推进区域协调发展的新思路 [J]. 区域经济评论（06）：1-4.

黄征学，2019. 推进“一带一路”建设与国家重大区域战略融合发展 [J]. 宏观经济管理（09）：26-31，44.

贾若祥，张燕，王继源，等，2019. 我国实施区域协调发展战略的总体思路 [J]. 中国发展观察（09）：24-27.

京津冀协同发展领导小组办公室，2020. 京津冀协同发展报告 2019 年 [M]. 北京：中国市场出版社.

李敦瑞，2018. 国内外产业转移对我国产业迈向全球价值链中高端的影响及对策 [J]. 经济纵横（01）：123-128.

李兰冰，刘秉镰，2020.“十四五”时期中国区域经济发展的重大问题展望 [J]. 管理世界（05）：36-51，8.

李彦平，刘大海，罗添，2020. 陆海统筹在国土空间规划中的实现路径探究——基于系统论视角 [J]. 环境保护（09）：50-54.

刘国斌，宋瑾泽，2019. 中国区域经济高质量发展研究 [J]. 区域经济评论（02）：55-60.

罗上华，高馨婷，2018. 践行“绿水青山就是金山银山”理念 [J].《先锋》（8）：10-12.

《求是》杂志编辑部，2019. 新时代推动区域协调发展的科学指导 [J]. 求是（24）：10-17.

人民日报评论员，2015. 法治让国家治理迈向新境界——四论协调推进“四个全面”[N]. 人民日报，2015-02-28(1).

人民日报评论员，2019. 绘好新时代“雄安画卷”[N]. 人民日报，2019-01-12（2）.

人民日报评论员，2019. 下更大气力 谋更大发展——写在京津冀协同发展战略实施五周年 [N]. 人民日报，2019-02-26（1）.

孙久文，2017. 区域经济学：第 4 版 [M]. 北京：首都经济贸易大学出版社：287.

孙志燕，侯永志，2019. 对我国区域不平衡发展的多视角观察和政策应对 [J]. 管理世界（08）：7-14.

王一鸣，2017. 实施区域协调发展战略 [N]. 经济日报，2017-11-16（010）.

王士心，刘梦月，2019. 东西部协作扶贫须做好资源跨区域分配 [J]. 人民论坛（03）：64-65.

魏后凯，年猛，李玏，2020. “十四五”时期中国区域发展战略与政策 [J]. 中国工业经济（05）：5-22.

吴玲，刘腾谣，2017. 粮食主产区实施利益补偿的价值判断与政策导向 [J]. 中国农业资源与区划（07）：1-9.

肖金成，黄征学，2017. 未来 20 年中国区域发展新战略 [J]. 财经智库（5）：41-67，142-143.

熊兴，余兴厚，王宇昕，2019. 推进基本公共服务领域供给侧结构性改革的路径择定 [J]. 当代经济管理（01）：44-53.

杨伟民，袁喜禄，张耕田，等，2012. 实施主体功能区战略，构建高效、协调、可持续的美好家园——主体功能区战略研究总报告 [J]. 管理世界（10）：1-17，30.

曾冰，张朝，龚征旗，等，2016. 从行政区和经济区关系演化探析我国省际交界地区发展 [J]. 经济地理（01）：27-32，52.

周建平，2019. 绸缪东北——新一轮东北振兴 [M]. 重庆：重庆大学出版社：4.

后 记

本书在国家发展改革委党组书记、主任何立峰同志的直接领导下，党组成员、副主任宁吉喆、丛亮同志悉心指导，由国家发展改革委地区经济司会同基础设施发展司具体负责编写。中国宏观经济研究院国土开发与地区经济研究所（国家发展改革委区域发展战略研究中心）等有关方面给予了大力支持。

国家发展改革委副秘书长、地区经济司司长郭兰峰同志组织研究提出篇章结构和本书终稿，张东强、曹元猛、吴树林、王善成、马强同志为本书编撰作出了具体指导。地区经济司彭实铖、肖晓俊、江洪、李彦斌、陈定安、冯垚、王博、李泰、李姝婧、李春根、袁淏、兰明昊、温晓龙、陈海曦、刘寅、张远同志，基础设施发展司刘强同志，国土开发与地区经济研究所（区域发展战略研究中心）张燕、刘保奎、李晓琳、郭叶波、郑国楠、徐唯燊、张舰、聂新伟等同志，参与了相关内容的编写工作。感谢袁达、韩振海、赵怀勇、林楠、毛毛、陶宗宝、甘泉、侯永志、孙俊山、张洽棠、高国力、夏成、贾若祥等同志认真审稿。感谢中国计划出版社编辑孙晓岩、黄富洁辛苦付出。

本书编撰时间较紧，不足之处，敬请批评指正。

本书编写组

2020 年 8 月